U0533252

UNREAD

OLLIE OLLERTON　HOW TO SURVIVE (ALMOST) ANYTHING: THE SPECIAL FORCES GUIDE TO STAYING ALIVE

如何在(几乎)任何情况下活下去

特种兵式生存指南

[英] 奥利·奥勒顿 著　　刘健辉 译

天津出版传媒集团
天津科学技术出版社

著作权合同登记号：图字 02-2025-064 号

HOW TO SURVIVE (ALMOST) ANYTHING: THE SPECIAL FORCES GUIDE TO STAYING ALIVE by OLLIE OLLERTON
Text copyright © 2023, MATTHEW OLLERTON
Originally published in the English language in the UK by Blink, an imprint of Bonnier Books UK Limited, London.
This edition arranged through BIG APPLE AGENCY, LABUAN, MALAYSIA.
Simplified Chinese edition copyright © 2025 by United Sky (Beijing) New Media Co., Ltd.
The moral rights of the Author have been asserted.
All rights reserved.

图书在版编目（CIP）数据

如何在（几乎）任何情况下活下去：特种兵式生存指南 /（英）奥利·奥勒顿著；刘健辉译. -- 天津：天津科学技术出版社, 2025.6. -- ISBN 978-7-5742-2940-2

Ⅰ. G895-62

中国国家版本馆CIP数据核字第2025ZY2592号

如何在（几乎）任何情况下活下去：特种兵式生存指南
RUHE ZAI（JIHU）RENHE QINGKUANGXIA HUOXIAQU：
TEZHONGBINGSHI SHENGCUN ZHINAN

选题策划：联合天际
责任编辑：马妍吉

出　　版：	天津出版传媒集团
	天津科学技术出版社
地　　址：	天津市西康路35号
邮　　编：	300051
电　　话：	（022）23332695
网　　址：	www.tjkjcbs.com.cn
发　　行：	未读（天津）文化传媒有限公司
印　　刷：	大厂回族自治县德诚印务有限公司

关注未读好书

未读CLUB
会员服务平台

开本 880×1230　1/32　印张 8.125　字数 140 000
2025年6月第1版第1次印刷
定价：68.00元

本书若有质量问题，请与本公司图书销售中心联系调换
电话：(010) 52435752

未经许可，不得以任何方式复制或抄袭本书部分或全部内容
版权所有，侵权必究

目录

作者寄语 001

导读 003

使用说明 011

第一部分　生存者思维 013

　　何谓生存者 015

　　拥抱变化 018

　　放下创伤 019

　　敢于冒险 022

　　野外求生须知 025

　　拥抱风险，回归本真 027

第二部分　生存基本要素 031

　　回归基础 033

　　事预则立 034

人类行为的奥秘：马斯洛需求层次理论	035
庇护所	038
温暖	046
食物	048
水	053
定位	055
制作绳结	057
发送SOS信号	066
急救知识	070
睡眠	085
卫生	086
呼吸	088
规划和准备	090

第三部分　气候和地形　　　　　　099

极端寒冷	101
极端高温	122
丛林环境	128
自然灾害	138

第四部分　个人危机　　　　　　　　**157**

　　丧亲之痛　　　　　　　　　　　159
　　成瘾之苦　　　　　　　　　　　163
　　失业之困　　　　　　　　　　　168

第五部分　外部威胁　　　　　　　　**173**

　　物理攻击　　　　　　　　　　　175
　　恐怖袭击　　　　　　　　　　　192
　　绑架　　　　　　　　　　　　　194
　　野生动物攻击　　　　　　　　　204
　　恶犬袭击　　　　　　　　　　　226

第六部分　社会崩溃　　　　　　　　**231**

　　社会解体　　　　　　　　　　　233
　　化学和生物攻击　　　　　　　　239
　　后核战争时代　　　　　　　　　243

尾声　　　　　　　　　　　　　　　**251**

作者寄语

我是奥利·奥勒顿。一名英国前特种部队士兵，同时也是一位经验老到的生存者。在本书落笔之际，我已经在这颗星球上走过了51个年头。过去的军旅生涯让我有幸接受了全方位的战斗和生存训练，从丛林到极地，从沙漠到海洋，各种已知的作战环境无不涵盖其中。写下这本书的初衷是希望作为读者的你也能做好应对生活中各种情况的万全准备。这不是什么尖端科学，我也不把自己看作某某专家。我唯一确信的是，自己拥有自主意识，看重理性思考和动手能力，同时具备相当的知识和经验储备以应对各种可能的处境。书中要分享的知识，不光很有可能在关键时刻挽救你的生命，还有望助你救下他人性命。因缺少相关知识而丧命，或许是大家最不希望看到的结局。如果你正在阅读这本书，那么恭喜你，已经在这堂人生生存必修课上迈出了关键的第一步。

导读

一个明知坏事即将发生，但仍然选择置之不理的人，算不上生活真正的主人。就像那些从不为突发情况留出预算的车主一样，真碰上需要更换加热器或离合器这类意外情况时，他们连支付日常加油的费用也会捉襟见肘。"这不就是我吗！"如果你发现这正是自己的真实写照，别担心，你绝非孤身一人。说出来你可能不信，我曾经也是其中的一员！我们大都习惯了得过且过，暗自祈祷不要有坏事发生；同时又比谁都清楚，其实坏事每天都在发生。这就是生活的真相，期盼万事顺遂才是痴心妄想。至于坏事何时来敲门，从来只不过是时间问题。

或许只有祸从天降时，我们才会意识到昨日的平淡安稳是多么难能可贵。我们又或多或少地相信，万事发生必有原因，觉得关上一扇门，才能打开一扇窗；或者直白点儿说，得吃点儿大苦头，才能有大进步。但与此同时，现实生活中充斥着太多毫无意义的悲剧。比如，兄弟姐妹中有人查出来得了癌症，或者要好的朋友突然遭遇车祸，这些事情完全没有所谓的原因，也无法用

 导读

任何福祸相依的道理来解释。真当时运不济时,生活能让你苦不堪言。

我从不相信命运或宿命,唯一相信的是我们每个人都有塑造自己思维方式的能力,能够拥有一个积极的心态。你向宇宙释放什么,宇宙便会回馈什么。宇宙浩渺无穷、难以预测,遍布虫洞和黑洞,还有沿着各自轨道高速飞行的大小流星,凡在其移动路径上的物体都会被一一击碎。但这并不等于我们只能听天由命,总有一些可以预测、规划、掌控和负责的事情。

如果我们总是下意识地担心某件坏事发生,比如失业、遇见歹徒或遭人欺负,担心的次数多了,这件坏事就可能真的发生在我们身上。越是关注一件事,就越可能把这件事吸引到身边,这就是吸引力法则。而正所谓亡羊补牢未为晚也,如果从现在开始着手准备,直面这些恐惧,做好应对的打算,永远都不会太迟。如若不然,这些麻烦也总有天会找上门来,逼着你做出应对。在我们准备好直面这些心魔之前,它们会一直存在,一刻不停地叩响心门。如果你也被这种焦虑情绪困扰,总在外出时担心遭到歹人袭击,那么是时候掌握一门自卫的手艺了。等你学成归来、信心倍增,相信自己有能力应对时,如影随形的焦虑情绪便会就此烟消云散,荡然无存。

无论是好事还是坏事,是刻意联想还是无意留心,越是关注

它，它就越可能应验。但这并不是说仅凭空想就能长命百岁，或光靠幻想就能拿下下一季《英国达人秀》的高额奖金，从此不再为下半辈子发愁。现实的积极思考和妄想的乐观状态之间存在天壤之别，前者建立在真实可行的意图和实际行动之上，而后者不过是在胡思乱想、自我欺骗，妄图坐享其成。

人总是要面对各种挑战——生活不就是如此吗？要想成长进步，就必须勇于面对这些困难，不断跳出自己的舒适圈，敢于探索未知事物。我们必须攻克新的难题，坚持学习，不断提升针对已知情况的应变能力。同时，行动需谨慎，准备需充分。例如，如果你计划前往落基山脉徒步旅行，为了应对可能出现的路遇灰熊、美洲狮等野生动物事件以及多变的天气情况，你应该做好以下准备：一把刀、一张地图、一瓶防熊喷雾、一些食品密封袋、一件防水保暖外套，以及获取清洁饮用水的工具。考虑到昼夜温差，你还需要准备一个足够保暖防寒的睡袋，以及一个指南针、一部支持GPS定位的手机，并记下落基山脉国家公园的急救号码。还有一件东西必不可少：一个基础的户外急救箱。最后，不要忘记告诉他人你的行程。一切安排妥当后，你就可以安心享受这次户外冒险了，除非碰上被外星人绑架、被驼鹿刺伤或受到大脚野人骚扰等小概率事件，这一路应该不再会有什么惊险场面了。（碰到灰熊的情况我们稍后会做讨论！）

 导读

写下这段文字时,我的脸颊还在因之前攀登阿玛达布朗峰留下的皮肤晒伤而隐隐作痛。这座位于尼泊尔东部的喜马拉雅山脉、海拔高达6812米的山峰,让我难以忘怀。这段登顶的经历也完美诠释了为潜在危险做好准备的必要性。如果我们这支登山队伍不做任何准备,没有熟门熟路的背夫、没有合适的装备,也没有经验丰富的夏尔巴向导带领上下山,那么失败的概率,乃至我现在无法活着写下这些文字的概率,都会相当之大。

此次尼泊尔之行前,我专程前往曼彻斯特城市大学体育与运动科学学院的高海拔模拟实验室测试了身体机能,以期我的身体状况达标,还能用这把51岁的老骨头应付攀登喜马拉雅山脉的种种挑战。实验人员测试了我的最大摄氧量,即心脏、肺和肌肉细胞在运动状态下能摄入氧气的最大含量,以了解我在高海拔环境下的身体机能表现。整个测试通过骑自行车和在跑步机上负重跑完成。当从实验人员口中得知,我的心肺功能竟与30岁的年轻人相当时,我不禁欣喜若狂!

攀登阿玛达布朗峰时,没人能一口气登顶,必须提前几天适应高原的稀薄空气和高海拔地区较低的氧气水平。随着海拔攀升,身体细胞间的氧气传导也会越发困难,导致心率加快,呼吸频率增高。最后,每走一步都会异常艰难。缺氧还可能引起血管收缩和血压升高,增加血管破裂的风险,进而引发肺出血和脑出血。

导读

为保证身体状态，我们必须先攀登到二号营地进行适应，然后返回大本营休整。只有这样，才能做好最后冲顶的准备。小步慢进同样不失为一种进步！

只有在万事俱备的前提下，才能充分把握冲顶的最佳时机，享受攀登的乐趣。为此我们提前准备，尽力避免危险发生的可能。人事已尽，剩下的就看老天爷的安排了。

在特种部队服役期间，我们会在每次执行任务前做尽可能最充分的准备，减少一切出错的可能，其中包括研究目标情报、预测敌方反应等。每一个关乎生死、关乎能否全身而归的细节都会被一一考虑在内：敌方数量如何？出入口在哪里？对方可能使用哪种级别的武器反击？每次执行任务后，无论多么疲惫，我们都会进行复盘，详陈自身不足，总结哪些计划执行得好，哪些需要改进……反复问自己能否做出更好的准备。准备是生存的关键。

做好准备就是在为自己有朝一日大放光彩创造时机。对我而言，无论是创办公司还是应对紧急情况，关键都在于做好准备并保持韧性，从而应对可能带来致命一击的各种危机。当危机真正来临时，正是因为你目光长远，才能在其他人陷入困境时安然度过，甚至脱颖而出。未雨绸缪能对可能的情况有所预判，防患未然则能为可能的情况提前做好准备，做好这两件事能助你无往不胜。老话说得好："我从不自找麻烦，但如果麻烦找上门，我会泰

 导读

然处之，因为我早已做好了万全的准备！"我并非在散播末世论，而是基于现实和坏事发生的可能性做出真实的评估。

离开特别舟艇中队后不久，我在东南亚找到了自己真正的使命——从性交易团伙中营救儿童，将他们从地狱般的生活中解救出来。这项任务远比先前的工作危险得多。没有武器装备支持，也没有战友在身后协助，更别提像从前那样发动耗费巨资的空袭了。除开一个与团队提前约定的会面地点，我在整场任务中都是孤身一人。一旦遇到危险，也只能独自面对。

营救行动最大的问题在于我几乎无法事先准备，相关情报也极为有限。因此，我经常会在对地形布局和敌方数量等信息一无所知的情况下，潜入"敌营"——关押儿童的牢房。一旦进入，就必须尽可能小心行事，避免打草惊蛇。每个窝点都会有一名穷凶极恶的男性头领看守，防止被囚禁的孩子们逃跑。要想解救这些儿童，得靠智慧和脑筋。我虽乐意为此冒险，但基于过去的经验，我深知生死存亡的关键在于提前规划，而不是在毫无准备的情况下临场发挥。有时候的确得分秒必争，把握救援的黄金窗口；但有充足时间准备时，如果不好好规划、避免事态恶化，便是愚不可及。

这本书着重讲述如何掌握生活的主导权，适应我们所在的环境，乃至适应各种生存环境提出的挑战，包括全球气候变化、洪

导读

水、地震、核战争以及社会动荡。有句话说得好:"没有一步到位的计划。"此话不假,没人能预料到所有情况。不过,我们至少可以做好防范。越是知道如何保护自己和他人,我们便会越发熟练和自信,忧虑也会停止。

那么,这本书的目标读者是谁呢?是那些悲观和逃避主义的怪人、生存狂和末日论者吗?都不是,本书是为普通人准备的。不管你相信地球是平的还是圆的、人类是否成功登月,你都可以成为一个能为可能发生的重大事件做好准备的人。要想实现这一目标,只需认识那些可能影响个人生活的危险,并且愿意付诸行动。相信各位在读完本书提供的建议后,都能踏踏实实地睡个安稳觉。这些建议中有很大一部分都源自我在特种部队服役期间,在沙漠、丛林和北极等极端环境进行生存训练时总结的宝贵经验。

书中描述的情境有多大可能发生呢?实际上,只需一个失控的核弹事件、一次气温的急剧变化,或一个拥有影响力的新兴势力搅动政治格局,我们就可能失去在平时看来理所当然的平静。近年来,自然灾害的频发和加剧已经成为无可争议的事实,极端干旱、极端温度和泥石流的增多便是明证。随着灾害应对难度的增加,灾害对人类社会的影响也会进一步扩大。帮助他人是我们的天性,世界各处都闪耀着人性的光辉,而对人性的黑暗面我们也需加以防范。本书旨在帮助你做好应对几乎所有可能的情况的

 导读

准备。无论是野外生存的必备技能,驱赶野兽的方法,还是应对社会动荡的生存策略,在读完书中内容后,你都将一一掌握。无论生活抛出怎样的难题,你都能迎刃而解。

奥利·奥勒顿

2023年,于西半球某处

使用说明

全书内容自**生存者思维**展开，共分为六部分，结构清晰，易于使用。在开始之前，我们首先需要做好心理上的准备，以适应生存和发展的需要。之后，我们将进入对**生存基本要素**的探讨，详陈提前规划的要点、需要掌握的工具和技能、保持身体温暖干燥的方法以及急救的相关知识。生存环境的挑战将在第三部分**气候和地形**中展开说明，重点分析地球生存环境中存在的各种危险。接下来是**个人危机**部分，深入剖析如何应对可能瞬间引发生活巨变的重大事件，如失去亲人、成瘾和失业。第五部分关注**外部威胁**，即来自他人和野生动物的攻击。最后以**社会崩溃**收尾，讨论从生化攻击到核战争的各种可能的末日情景。

第一部分

生存者思维

何谓生存者

生存者是受命运眷顾的幸运儿，还是那些无论身处何种逆境，都能咬牙坚持从不轻言放弃的人？当我再次，也是最后一次参与长达6个月的严苛选拔，争取进入特别舟艇中队的宝贵机会时，不慎在最后关头扭伤了脚踝。即便如此，我还是用绷带紧紧固定伤处，坚持完成了选拔。哪怕考官和军医都告诉我，受伤意味着一切都已结束，我依旧没有放弃。

生存从来都不是一种偶然。面对困难和挑战时，总有一些人能拿出挺身而出的勇气，也总有一些人龟缩不前或转身离去，这些行为背后都各有原因。每个人都具有生存的动力，只不过有些人的生存动力更强。以"巴比龙"之名著称的法国作家昂利·沙里叶便是这样一位传奇人物。他蒙受冤情，被判谋杀，流放至法属圭亚那服终身苦役。有朝一日能向判决的法官复仇，成为沙里叶生存下去的强大动力。为此他不惜13次越狱，最终成功逃脱了臭名昭著的海上囚岛"魔鬼岛"。

真正的生存者从来无暇自怜自艾，陷入无谓的精神内耗；也不会怨天尤人，整日思考上天是否在和自己作对。面对困境，他们选择接受现实、适应环境，保持积极乐观的心态，这才是他们关注的重点。如果能在逆境中依然保持微笑，哪怕只是苦笑，并

生存者思维

且不丧失幽默感,你就已经在成为生存者的道路上成功了一半。区分勇敢前行和转身离去这两类人的标准,在于是否拥有自信的品格和坚强的内心。当你相信自己能够克服困难时,你迈出的每一步都会让你离成功更近一步。而当希望变得渺茫,心底退缩的声音便会响起:"我想休息一下""我实在不敢继续前进了""我只想睡一会儿……"此时,一定要抵挡放弃的冲动,努力适应,坚持下来。

许多人是天生的生存者,已经拥有这份足以支撑自己战胜一切困难的勇气。如果你认为自己缺乏这份勇气,或许只是因为还没有遇到真正的挑战。在选拔过程中,我发现最后脱颖而出的往往不是那些身体强健的人,而是心志坚定的人。他们眼中闪烁着下定决心的光芒,坚持前行,不言放弃。

在《活出生命的意义》一书中,犹太裔心理学家维克多·弗兰克分享了自己在纳粹集中营中亲身经历的苦难。他的大部分亲人皆已惨死在毒气室中,他本可以轻言放弃,但还是选择顽强生存。弗兰克注意到,以目标、爱和尊重他人为生存动力的狱友和那些在极端条件下依然能在内心找到勇气的人活得最久。他们通过帮助他人找到了生命的意义。他还发现,就如同那些通过特种部队选拔的年轻人一样,最终生存下来的不是身体强壮的人,而是拥有坚定目标的人。他们拒绝被环境打倒,拒绝沦为非人的野兽。他们怀揣希望和爱，想象未来与亲人重逢的场景，并将其作为生存的动力。

在心中构想成功的画面，期待最好的结果，同时不忘为最坏的情况做好准备。自我怀疑往往源于试图控制一些我们无法掌控的因素，例如改变过去或他人的行为。接受已经发生的事实，认识到我们无法左右他人的行为，同时需要对自己的行为负责，这才是真正意义上自我掌控的起点。过分关注负面事物只会招致不幸。当明确自身目标和行为动机时，我们能实现非凡的成就。

人类具备生存的本能。在数百万年的漫长进化中，我们通过谨慎选择何时战斗、何时逃跑而生存下来。面临威胁时，我们的瞳孔会放大，视野会变得集中，以便专注于当下察觉到的威胁，做出逃跑或战斗的理性决策。

大脑中的化学反应能帮助我们迅速做出有利于生存的反应，对自己的心理暗示同样能帮助你安全脱险。遇到危险或生命威胁时，要在心里告诉自己你的终极目标是生存，你一定能战胜困难，随后依此制定应对策略。先明确当前的头号威胁，再制订出应对计划。如果寄希望于快速解决方案，就要做好在原计划受挫后迅速调整的准备。永远从长远角度出发思考问题。再次强调，几乎没有计划能一次成功——需要根据实际情况灵活调整最初方案。真正的生存者善于在紧急情况下判断最紧迫的事项，并随时准备

生存者思维

根据初步尝试后的结果调整或转换策略。我们必须拥有像变色龙一样的适应能力，灵活应对各种情况。

拥抱变化

15 000年前，人类仍面临着被野兽捕食的危险。原始人每天早晨关注的内容和现代人截然不同，他们不会思考今天要在社交网络上更新什么动态，要去哪家咖啡店买拿铁，或是否要出门社交提升自己的"市场价值"。每天走出洞穴时，他们首先要考虑的是什么可能会威胁自己的生命安全，这个威胁来自哪里，以及确保自己有合适的武器防身。我们之所以占据食物链的顶端，是因为人类拥有超越其他动物的特质，包括意志力、智慧、理性、想象力、直觉、记忆力和感知能力，到今天也是如此。

此时此刻，人类正处于历史上最脆弱的时期。一旦灾难降临，无论是个人危机还是更大规模的威胁，只有坚强起来，我们才不会轻易倒下，也不会在自我设限和受害者心态中无法自拔。因此，我们必须像变色龙一样灵活应对，不囿于过去，也不沉湎于对未来的恐惧，适应环境并茁壮成长。试着拥抱变化带来的不适感，相信它能引领你走向更理想的远方。

放下创伤

我是一名幸存者。幼时，我曾被黑猩猩突袭并险些丧命，这段经历一直如梦魇般挥之不去。我曾一次次逼着自己醒来，说"只是一场梦而已"，但那不是虚构的梦境，而是10岁那年的真实遭遇。这段经历造成的创伤让我久久不能平复，数年来我深陷痛苦无法自拔。直到前些年，在事情发生的39年后，我才终于走了出来。

如果你读过我之前写的《勇往直前》(*Battle Ready*)或《极限时刻》(*Break Point*)，想必不会对这个故事感到陌生。那是一个炎热的夏日，马戏团来到了我生活的斯塔福德郡市镇。我和哥哥溜进了后台，漫不经心地观察着不同区域的动物。在一块帐篷环绕的草地中央，我瞥见了有生以来见过的最可爱的小动物。（可别告诉我的爱犬墨菲，它醋劲可大了！）小猩猩脖子上挂着锁链，正吃着水果，吱吱叫个不停，顺势递给了我半根香蕉。就在我入迷之际，母猩猩突然蹿了出来，眼中燃着熊熊怒火，张着血盆大口飞扑而来。电光石火之间，巨大的身躯猛地将我击倒。我支起双臂护住面部，母猩猩却张着尖牙一口扎了下来。鲜血喷涌而出，模糊了我的视野。透过手指的缝隙，我看到它嘴边挂着一块血淋淋的内脏——我的内脏。

生存者思维

草食动物在遭到捕食者攻击后通常会做出以下行为：一旦初次逃跑失败，便会放弃挣扎，任由自己被对方活生生吃掉。这一幕在野生动物纪录片中反复上演。草食动物在尽力挣扎后，选择无声接受命运。但人类绝不会如此轻易地放弃自己的生命，我们每个人都拥有个体意志，都拥有求生的本能。

没错，我整个人都呆住了，可就在这时体内的求生本能也随之唤醒。这种古老而原始的生理机制告诉我，绝不能被这只母猩猩撕成碎片，必须竭尽全力将这头野兽从胸口上扯下来。我用尽全力踢了回去，一脚踢中母猩猩的胸口，它为之一愣，向后退去。我拼命向外爬，还没来得及反应，母猩猩就已经蓄势待发，露出沾满血迹的黄色獠牙，准备再次向我发起攻击。我想那天一定是上天保佑，因为就在母猩猩离我只有咫尺之遥、嘴里刺鼻的血腥味扑面而来，我以为生命即将结束的时候，它身上的锁链被拉到了极限。就在离我只有数十厘米的地方，项圈狠狠勒紧了它的脖子。它愤怒地尖叫着。

后来，我渐渐走出了这段创伤的梦魇，接受了黑猩猩只是在保护自己的幼崽的事实，这是所有母亲的本能。面对我带来的威胁，它做了任何父母都会做的事情，不惜冒险消除外界威胁。我好不容易死里逃生，也是直到最近才摆脱了心理创伤造成的长期困扰，开始正视这段经历的独特价值。

我们其实都是生存者。你可能未曾自知,但当被逼入绝境、生死一线时,原始本能与内在力量将会助你排除一切危难。就像母猩猩一样,我们最强烈的生理反应源自不惜一切代价生存下去和保护种群后代的渴望。

我们面临的最大冲突也在于此。一方面,生存的本能努力维持我们的安全,而另一方面,我们的内心渴望冒险,追求新的体验,鼓励我们承担一定风险去享受生活的一切可能。生存本能倾向于让我们选择最轻松的方式生存,躲在黑暗的角落,在保证食物和水源的前提下尽可能地繁衍后代。就物种生存而言,我们存在的目的是繁衍后代,而不是探索世界和享受生活。难道生存者思维会希望你去尝试高空跳伞、高速摩托车和登山等危险活动吗?当然不会,而这正是内心出现争斗的根源。我们本能地倾向于基础、安全和适度的生存状态,这也是为什么许多人乐于待在所谓的"舒适区",尽管这些"舒适区"并未提供真正的舒适以及成长进步的空间。

不知道你是否也有过这样的经历:有人向你介绍某人,可在握手寒暄后,这人姓甚名谁立马就被忘到九霄云外了。答案是肯定的。这是因为你的大脑在识别潜在威胁,通过与记忆库先前储存的图像对比来判断是否见过这个人,以及这个人给你的感觉是好是坏。当大脑无法成功建立匹配时,就会进入高度警觉状态,

生存者思维

而姓名的重要性较低，就容易被遗忘。这种大脑机制同样适用于对新体验的认知，也解释了许多人回避探索未知领域的原因。

安全求生的思维模式使我们倾向于重复昨天乃至几天前的行为，因为这些经历无论是好是坏，都是熟悉的日常。这种思维追求的是重复那些保证基本生存的习惯。自原始人类寻找食物和水源的时期，我们的大脑就喜欢重复。一旦成功找到食物和水源，我们就会反复回到相同的地点，以获取相同的食物和水源，远离危险，保证生存。是否打破这种循环，积极拥抱舒适区外的种种体验，最终取决于我们自己。

敢于冒险

也许你正值青春年少，感觉父母缺少他们自己或者你期望的那份活力，希望帮助他们摆脱生活的单调。也许你站在成年的边缘，第一次理解了父母的辛酸。或者，你已为人父母，希望焕发新的活力，拥有健康的体魄，学习荒野求生的技能。又或者，你希望鼓励孩子减少屏幕使用时间，与你一同踏上冒险之旅。很久以前，孩子们需要从父母那里学习狩猎等生存技能，亲子相伴的时间通常比现在多。回顾成长历程，大家应该都还记得青少年时期是获得群体认同感的重要阶段。而作为父母，偶尔与孩子一起

敢于冒险

探险,学习新的知识,也是一种美好的体验。通过共同冒险,我们可以在潜移默化中说明,在社交媒体和手机外还有更广阔的真实世界。

无论是坐在英国什罗普郡的山丘上仰望北斗七星,还是站在尼泊尔的山巅之上凝望相同的星座,你都在与某种超出自我边际的宇宙奥秘建立联系。正是探索未知的冒险精神将你引领至此。凝视点缀漆黑夜空的闪闪明星,仿佛是在观赏展柜布面上耀眼的钻石,一种奇妙的感觉涌上心头:星星早在你到来之前就已经存在,并将在你离去之后永恒闪耀。

永生无疑是一种极端乏味的存在。(吸血鬼幸福吗?)人类的快乐在于生命的短暂,这正是去探索、冒险和寻找那些赋予生命意义的特殊时刻的最佳长度。在这些短暂的瞬间,你仿佛能看见宇宙间的一切,如同天网一般紧密相连。我们可以做任何自己想做的事,可以随时开启属于自己的冒险。人之所以遗憾,往往是因为意识到这些时已经太晚。我希望可以借此机会激发你内心深处的冒险精神,让这份精神不光只出现在假期或背包旅行中,而是成为你日常生活的一部分。

苹果公司的联合创始人史蒂夫·乔布斯曾说:"知道自己的生命即将逝去,其实是我拥有过的最重要的工具,它帮助我做出了许多生命中的重大决策。因为几乎一切——所有外在的期待、所有的自尊、所有对尴尬或失败的恐惧——在死亡面前都会烟消云散，最后只留下真正重要的东西。认识到自己终有一死，是避免落入'自己有什么可失去的'这种思维陷阱的最佳方式。你本就一无所有，没有理由不追随自己的心声。"

两个起点相似的人为何会经历截然不同的人生？答案在于世界观的不同。一类人只关注眼前的琐碎，被生活琐事和日常忙碌所困，只能过上亨利·梭罗口中"大多数人都过着的默默无闻的绝望生活"；另一类人则追求未知，对当下保持开放的态度，忠于此刻。这种探索精神让他们在夜幕星光下攀登山峰，在黎明时分起床伴着朝阳冲浪，让他们不断设想自己去完成他人永远只能梦寐以求的事情。在这份冒险精神的激励下，他们勇敢地在生活中留下个人的印记，努力成就更伟大的自我，充分挖掘自身的潜能。

越是用行动灌溉这种敢于冒险的精神，我们就越容易拥有冲破舒适区的勇气。突破（其实并不舒适的）舒适区往往是最困难的一步。但幸运的是，只要你下定决心，穿上靴子，这一切都会变得无比简单。在系上鞋带，打开门迎接千种可能性的瞬间，你会感受到前所未有的兴奋。未知的第一步已然迈出，就像是拔掉了长出来的半人高的杂草一般令人畅快。当你踏入自然，重新点燃冒险的火花时，这一小点星星之火便会余烬重燃，照亮未来的道路，最终将你引领至本该抵达的远方。

还记得有人对你说"生活不是彩排",而你只是点了点头吗?实际上,他们揭示了一个至高无上的人生真理——生活是用来充分体验和珍惜的。小说家杰克·凯鲁亚克曾说:"当你走到生命的尽头,不会记得自己在办公室或修剪草坪上花了多少时间。快去爬那座该死的山吧。"因此,不管你的冒险是什么,都应该抓紧行动起来。我记得奥利·奥勒顿(一位知名度还有待提升的作家)也曾说过:"除非你曾经怀疑过自己实现它的能力,否则生活中任何伟大的事物都不会真正伟大。"

野外求生须知

要想真正投入冒险的怀抱,首先需要掌握一些基本的野外求生技能,这也是本书后续将深入探讨的内容。我们无须刻意回避技术的使用,例如GPS定位和手机便是提高生存概率的利器。但若想在户外实现长足发展,就需要放下对社交网络的依赖,切断与喧嚣世界的联系,勇敢面对未知的挑战。假如你今晚在森林过夜,自然就无法享受叫外卖的便利。此时,自己从河里钓上来新鲜的鲑鱼,清理洗净后支起火堆,在平底锅上煎烤而食,才能真正满足口腹之欲。当然,我们不必完全拒绝现代生活的便利,带上打火机和一些引火物也无妨。

生存者思维

在野外求生，你需要学习以下技能：

- **生火取暖**：这项技能不仅能帮助你烹饪生食，还能防止掠食性动物靠近。

- **寻找并净化水源**：人体器官缺水时最多只能维持三天的正常运转，之后便会衰竭，因此寻找水源是野外生存的首要任务。你可以通过煮沸（条件允许也可蒸馏）、使用碘片或过滤装置等方式净化水源。

- **采集食物和捕猎**：如果因飞机坠毁身处野外，你还有可能在事故现场附近找到一些散落的食物补给。否则，你可能需要通过设置陷阱或使用自制钓鱼工具来获取食物。

- **搭建庇护所**：保护自己不受阳光暴晒，并在寒冷潮湿的天气中保持温暖和干燥。

- **定位**：在陌生环境中容易迷失方向，因此了解营地和目的地的方位非常重要。

- **保持清洁**：开放性伤口是培育细菌的天然温床，极易造成感染，特别是在丛林这样的潮湿环境中。对于开放性伤口，必须保持伤口清洁并定期换药。

- **保持冷静**：坚强的心态是开展上述活动的重要基础，一旦信心丢失，一切都是枉然。尽量避免恐慌，过分关注负面情绪容易让人失控，甚至做出危及生命的错误决策。凡事务必三思而后行。

除上述生存技能外，你至少应该携带以下五种生存工具：

- **切割工具**：如刀片、斧头和锯子等。
- **生火工具**：如火柴、打火机，以及可持续燃烧的引火物。
- **遮蔽工具**：如雨披、塑料防水布等，凡是能保证不被雨水淋湿的物品皆可。
- **储水工具**：用于存放水的器皿，建议选择金属材质，保温性能更佳。
- **绑缚工具**：如绳子、鞋带、皮带等，用于绑扎和固定。

一旦准备好了上述生存技能及工具，你就已经为赢得成功、实现生存和长足发展打下了坚实基础。

拥抱风险，回归本真

在西方社会，人们早已习惯了既定的生活路线，像温顺的羊群一般，一味盲从，丧失了自主动手的能力。现代社会提供了各种便利：我们只看见超市货架上洗净包装好的各种肉类，却看不到其背后养殖和屠宰的过程，因此无法将餐桌上的食物和真实的家禽家畜联系起来。我们不再需要动手捕猎，加工后的成品已经被整齐地摆放着，只待我们享用。在互联网发达的今天，甚至无须从沙发起身，只用动动手指，食物就会送上门来。

有了电力（至少暂时是这样），我们不再需要亲自生火取暖；有了室内健身房，也无须外出锻炼；有了卫星导航系统，出门也不再需要地图。因为短信、电子邮件、聊天软件以及视频通话的普及，我们甚至不必面对面沟通。至于寻找伴侣，现在人们更倾向于通过软件上的照片来"挑选"另一半。然而，这些现代化的便利并未强化我们作为人的属性，反而淡化了我们的内在特质、对自然的感知以及人与人之间的联系。不仅如此，它们更削弱了我们的自主性。正如美国印第安人运动先驱拉塞尔·米恩斯所言："没有自由的人生毫无意义，一个人越是依附于集权的力量，就越容易受其摆布。"

如今，GPS信号已经覆盖了地球上的绝大部分地区，人们通过手机定位就能清楚知道自己所处的位置，因此你几乎不会感受到迷路时的深刻恐惧，也无法体会到重新找到方向后的满足。所有的麻烦都已经由现代科技代为解决了。有任何的问题，都可以通过网络搜索找到答案。

乍一看，我们现今习以为常的各种便利似乎让生活变得更简单，但实际上，它们正在悄然削弱我们解决问题的内在能力。日复一日中，我们逐渐丧失了自主能力，陷入一种头脑迟钝、身心衰弱的状态。

瑞士心理学家卡尔·荣格曾说过："可能我们每个人都曾幻想过一条毫无差错的安全之路，但这样的道路实际上只会通向死亡。一切归于寂静，不再有坏事发生，也不再有好事发生。这样的安全之路其实是一条死亡之路。"荣格在此想要表达的是，当执意沿着一成不变的道路前行时，我们的灵魂也会慢慢衰亡。在这种一眼望到头的环境中，不再有新生事物出现，生活不过是日复一日周而复始的循环，灵魂似乎也逐渐陷入沉寂。但选择冒险时，潜在的激励会重新唤醒我们的灵魂，让我们从一片死寂的环境中抽离出来。深入大自然的荒野，就像是在内心点亮了一盏明灯，我们开始深刻体验内心的情感和身体的感觉。宁静和直觉也开始回归。同时，我们更加留心周遭环境，开始注意到之前忽视的事物。

对我而言，回归本真意味着减少选择，摆脱选择过多带来的焦虑和困扰。少即是多，很快你就会发现，自然界的简单之美远胜信用卡能买到的一切。在森林中烹饪早餐，听着长臂猿的晨曲，这种纯净的魔力远胜在豪华酒店享用班尼迪克蛋的体验。纯天然的环境给予我们重新发现自我的机会，使我们在这片孕育了无数先祖的土地上找到自我。

也许对你而言，回归基础意味着买一块地，自己种菜，借助

生存者思维

大自然的能量发电,过上自给自足的生活,或是每个月抽出一小时与大自然好好亲近。无论做何选择,你在户外度过的时间越多,就越能接近自己的本真。

第二部分

生存基本要素

回归基础

第一部分是野外生存准备工作的基础，逐步向一些更具挑战性的情境过渡。"有备无患"一词很好地概括了本书的核心。对极端天气、复杂地形、险恶环境、人和野兽可能带来的种种危险，我们越是了解如何应对，就越能在危急关头保持冷静，顺势而为，而非横冲直撞。我们将找到自己的节奏，并跟着感觉走，这与前面提到的安于舒适区的生存方式截然不同。

假设一名男子乘坐的飞机在丛林坠毁，他得以幸存却又遭到食人族的追杀。突然间，他发现了一个洞穴，里面干燥而舒适，空无一人，甚至还有食物和睡袋。于是，男子在这里过夜，还享用了一些食物。安全求生的思维模式让他以为自己中了头号大奖，这里不光有食物可以饱腹，还可以藏身。因此，男子又多待了一晚，却未曾想到一觉醒来自己竟成了食人族的盘中餐。原来这里正是食人族的老巢，他们追了他两天两夜无果，这才回到洞中。这个故事告诉我们，安全并非总是最佳选择。

武术大师李小龙曾说："要像水一样，无形无相。水倒入杯中，就成了杯子的形状；倒入瓶中，就成了瓶子的形状；倒入壶中，就成了茶壶的形状。水能载舟，亦能覆舟。我的朋友，做水一般的人。"换言之，无论身处何种环境，都要学会适应。学会接

生存基本要素

受而非与之抗衡，学会在生活的裂缝中也能流动。

事预则立

在拳击比赛中，你不会贸然和一个自己一无所知的对手交手。一般而言，你会先调查一番，比如了解对手的战斗风格。这样的方法同样适用于你踏足的每一片未知之地。要想提高生存概率，需要具备相应的求生知识。当然，勇气也很重要，但在自然面前，单靠勇气是远远不够的。比起十五名乘坐长舟、奋力划桨的战士，一位驾驶帆船、航海经验丰富的老船长恐怕要厉害不少。

我们没法一口气穿越亚马孙丛林，或者第一次攀登珠峰就成功登顶，这两件事都需要分步完成。就像特种兵都需要从普通士兵做起，通过层层选拔，再以更高的标准和更严格的要求学习军事技能，日积月累方能成功。在特种部队服役期间，我们从未停止学习，因为前方总会出现新的挑战。此时，新兵训练时期习得的基础能力和军事纪律往往十分关键。在任何情况下都应做好基础工作，无论多么疲惫、饥饿或害怕。同样，作为一名生存新手，你也应该从小处着手，逐步掌握完整全面的生存技能，直到做好面对更大挑战的准备。

人类行为的奥秘：马斯洛需求层次理论

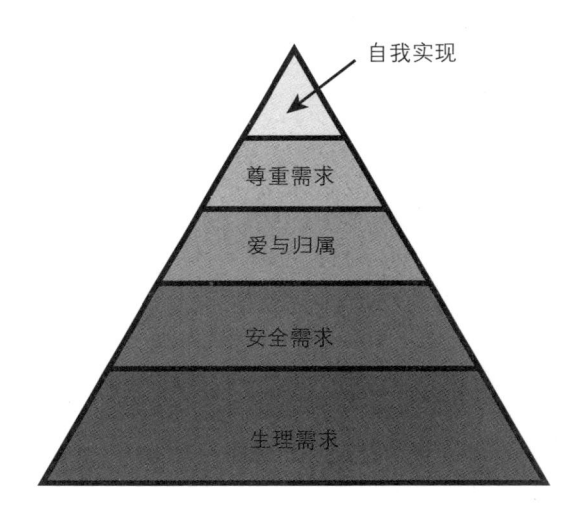

```
        自我实现
      尊重需求
     爱与归属
    安全需求
   生理需求
```

20世纪中叶，心理学家亚伯拉罕·马斯洛希望了解一个人如何才能活出最充实的人生。为此，他请教了一些成功且幸福的人，询问他们的内在动力是什么。他发现，感到最充实和满足的是那些不断追求自我提升、学习新技能并充分利用自身才能的人。他们保持开放的心态，从不停滞不前，在好奇心的驱使下生活。马斯洛因此得出结论："如果永远不去实现自我，一个人可能这一辈子都郁郁寡欢。"

之后，马斯洛提出了著名的"需求层次理论"。该理论认为人

生存基本要素

类行为受五种不同层次需求的制约和影响。如果按金字塔模型进行排序，那么满足基本需要的生理需求（食物、水、温暖、休息）位于最底层；往上一层是安全需求（安全、住所、社会机构）；第三层是爱与归属的需求（建立亲密关系和友谊）；第四层是尊重需求（声望和成就感）；最顶层是自我实现需求（实现个人潜能，成为理想中的自己）。

马斯洛认为，只有在前四个需求得到满足后，才能到达最高层次的自我实现需求，就像一个优先级列表。举个例子，假设一支北极探险队里有一位说书人。风雪交加，天色渐晚，队员们早已饥寒交迫，他却一味坚持要大家听他讲故事。结果自然不尽如人意，毕竟大家正事都还没搞定呢。一个个冷得直打寒战，哪里有闲工夫听故事。不过，如果探险队搭好了帐篷，煮上了饭，每个人都穿上了御寒衣物，这时再一起围坐在火堆旁听故事，应该很美好吧。

这个例子背后的道理很简单：只有满足了基本需求，我们才能追求更高层次的需求。再举个例子，要想穿越丛林在玛雅神庙看一次壮丽的日出（自我实现需求），我们先要满足基本的**生理需求**，比如保证充足的休息、携带适当的衣物、摄入足够的食物和水分，避免疲劳和中暑；还要满足**安全需求**，比如准备好丛林的地图，购买合适的保险，确保在紧急情况下能通过直升机紧急撤离。

第三层次是**爱与归属**的需求：我们会选择谁作为旅伴？是亲

近的人，还是一群拥有户外生存技能并与我们合拍的伙伴？第四层次的需求涉及**尊重与自尊**，这两者都至关重要：我们是否有能力完成这次旅程？我们对自己的看法如何，是否有足够的自信？他人如何看待我们，是否认可我们完成旅程的能力？要想在某件事情上真正做到卓越，我们也需要他人的认可来印证自身的信念，否则可能对现实情况做出错误判断。

第五层次是**自我实现**的需求，即例子中通过参观玛雅神庙得到的体验。自我实现的需求可以通过学习和提升技能得到满足。无论是烹饪、冲浪、拍电影、养盆栽，还是学习新语言、摄影等，掌握任何一门技艺都能让我们获得自我实现的体验。只有其他层次的需求得到完全满足后，我们才能迈向自我实现。前四个层次的需求也被称为"匮乏需求"，因为只要其中一个需求不被满足，整个需求体系就会暂时崩溃，直到该需求得到满足为止。伟大的画家在创作期间也需要停下来吃饭，职业游泳选手也得在训练间歇喝口水。如果你浑身寒冷不止，或者手机上不断弹出银行卡透支的通知，那么爬到山顶去看星星并不会给你带来多少安慰，因为你的思绪会不断回到对生理、安全需求的担忧上。

在我看来，户外探险从不是穿上靴子、四处游荡那么简单。每次出发前，都应该明确此行目标并做好充分准备。这正是本书即将讨论的话题：无论你计划前往何方，是去威尔士的雪墩山国

生存基本要素

家公园露营，还是在南非的克鲁格国家公园探险，都请做好充分准备，以便真正享受每一个自我成长的时刻。

庇护所

庇护所、火、水和食物是荒野生存不可或缺的四大要素。其中，庇护所的搭建会受到多方面条件的制约，包括能够投入的时间和精力、预计停留时长、可利用的日照时长以及周围环境中可获取的原材料等。

要做的事情

在靠近树林边缘处建造庇护所，以便在他人路过时发出求救信号。当然，需要保护自己不被他人发现的情况除外。确保有充足的可燃物。对于临时庇护所，比如用于防风的单坡棚，务必搭建在背风的一面，这样才可以起到避风的效果。另外，应在地面铺一层保温材料保暖。以上准备工作就绪之后再生火。

不要做的事情

不要在吸引昆虫、动物的水源附近建造庇护所，以免引来捕食性动物。发生洪水时，水流会在水源处汇合，因此待在水源附近有被洪水冲走的风险。水流声还会干扰听力，使人难以察觉救援人员或危险的靠近。

不要在山谷底部搭建庇护所，风力会在此处聚集，因狭管效应而格外强劲。谷底也是冷空气和湿气最易聚集的地方。

不要在裸露的山坡上搭建庇护所，因为这里缺乏可减缓风力的植被覆盖。不要在孤树下搭建庇护所，以防雷击。如果庇护所建在山坡上，一定不要头朝下坡方向睡觉，原因应该不用我多解释了吧！

最后分享一条经验：庇护所越大，升温就越慢，保温效果越差。因此，如果是单独行动，搭建一个足够你活动的庇护所即可。

就地取材

如果在大自然中发现现成的简易庇护所，不妨充分利用。举个例子，倒下的巨树及其翻起的根系便能成为躲避恶劣天气的天然落脚点。你还可以继续向下挖掘以扩大容身空间，并用树枝遮盖洞口。同样，如果找到了一个既能保持身体干燥又能生火的洞穴，那就毫不犹豫地利用起来吧。但在此之前，务必确保洞穴内没有熊或美洲狮的踪迹。特别留心洞穴内是否有骨头或粪便（详

生存基本要素

见第五部分中的"野生动物攻击"一节,尤其是关于熊的内容,第204—212页)。如果你看到一具被吃了一半的动物尸体,其内脏整齐地摆在一边,很可能就是美洲狮所为。美洲狮一般白天在洞穴内休息,黄昏时出来狩猎,黎明时返回洞穴。

如果你在飞机、卡车或面包车事故中幸存,并且残余的车身或机身还可以暂时提供遮挡和庇护,那就好好利用起来。你需要自制一扇小门来阻挡风雨和寒冷,同时防止好奇心强的动物踏足其中。你可以用旧电线、绳子或细绳将树枝绑在一起,做成门的形状,并留出一定缝隙以供出入。另外,如果岩石表面有足够深的裂缝,也可以躲进去藏身,躲避恶劣天气。

在充满掠食性动物的区域,即使食物已尽,体力几近透支,也不要消耗仅剩的体能攀爬高树:大型猫科动物和黑熊的攀爬能力远胜于你。搭一个火堆,收集足够多的柴火保持火焰彻夜不灭是更明智的选择。如果只能在树上睡觉,务必用绳索将自己绑在粗树枝上,以防睡梦中的突然动作导致你倾身摔下。

搭建不同类型的庇护所

单坡棚庇护所

这是一种搭建起来最快速也最简单的实用庇护所,可以使用数天之久。将一根长约3米的粗木棍绑在两个树干间,作为单坡棚

庇护所

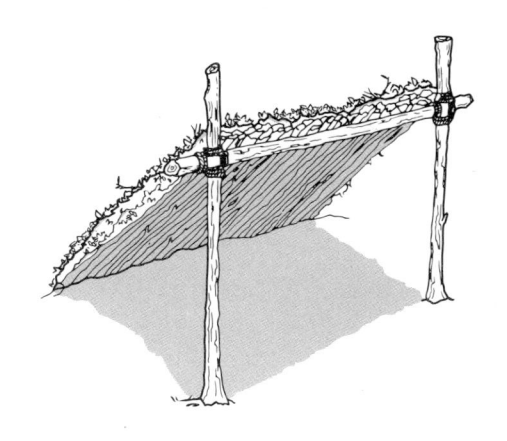

的横梁。或者，也可以将长木棍的一端搭在树干上，另一端以45度角立于地面，保证排雨效果。再将两条短树枝交叉放置于地面、用鞋带系紧，起到固定效果。

接着，用树枝、灌木和蕨类植物等将坡棚侧覆盖，以防雨雪。不过这些覆盖物的保温效果十分有限，距离五星级酒店的标准相差很远。因此，如果能在附近找到干苔藓，可以像卷草皮一样把它们卷起来，再平铺在坡棚一侧。也可以把它们铺在棚内地面，以提升舒适度和保暖效果。如果有在庇护所内生火的打算，请确保屋顶（横梁）足够高，并预留出适当的缺口以便烟雾排出。

在调整坡棚侧的木棍长度时，可以将待用的木棍夹在两棵树之间，形成支点将其折断。这样做不仅可以避免碰伤膝盖或割伤双手，还可以节省宝贵的体力。

生存基本要素

"A"字形庇护所

"A"字形庇护所与单坡棚庇护所极为相似，不同之处在于它有两个斜面。将木棍交叉放置搭建出框架，再用树枝、苔藓和叶片覆盖两侧，便搭建出了一个类似帐篷的庇护所。

茧形庇护所

在身体极度疲惫或缺乏搭建庇护所所需光照的情况下，茧形庇护所是暖暖睡上一觉、满足对休息的迫切需求的不二选择。但它只适用于暂时过夜。天亮之后，你完全可以搭建一个更为实用的庇护所。茧形庇护所的选址一般位于树下的一块低洼地面或者土坑。随后，你需要用苔藓或其他柔软的天然物质将地面垫实，起到支撑背部的效果。土坑越深越好，这样可以最大限度实现避风。

你还需要织就一床由天然材料制成的"棉被"。首先，收集尽可能多的带叶树枝作为这床"棉被"的骨架。其次铺上树叶、枝条、蕨类植物和苔藓等任何能够起到御寒效果的物品。整个准备过程以10分钟为佳，但请不要对这床"被子"抱有太高期望：它会有一定的保暖效果，但肯定无法防水避雨。

树枝庇护所

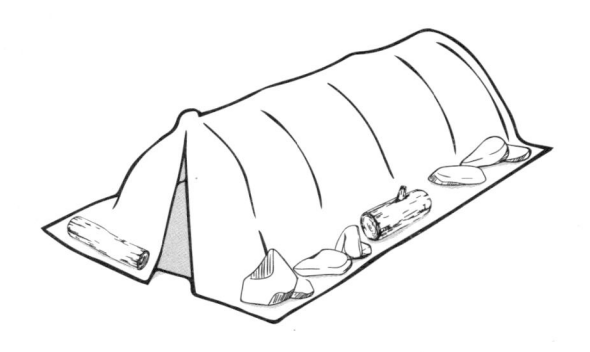

只需几分钟的时间，你就可以搭好一个树枝庇护所。准备一些绳索和一块防水布，在自然条件允许、周围有充足树枝的情况下，你可以用5对树枝搭建一个类似人体肋骨的弧形结构：将每对树枝弯曲成拱门形状，用绳子将中间固定，5对"拱门"便形成了庇护所的基本框架。随后，将一根长木棍放置并固定在拱门顶端。最后，用防水布覆盖庇护所顶部，底部用大石头和木块压实，以

生存基本要素

确保牢固。

防水布庇护所

正如其名,搭建这种庇护所需要一块大防水布或雨披。首先,找到两棵树,将防水布的两角分别绑在两棵树的树干上。然后,将另外两角绑在地面的物体上,或者用大石块压住这两个角以固定。同时,务必确认风向。我们可以通过观察树枝的摆动,或将手指浸湿感受冷风吹拂进行判断。手指感觉冷的一面就是风的方向,明确风向可以帮助你确定庇护所的朝向。

防水布帐篷

与防水布庇护所类似,不同之处在于需要均匀地将防水布的四角固定在地面上,并用石块压实,使防水布拉紧。最后,要用石头和树枝封住开口,以防外物侵入。

雪沟

挖一个比你身体略长,至少60厘米深的雪沟。利用挖出来的雪抬高雪沟的侧边,在顶部放置树枝以搭建屋顶。更好的做法是将挖出来的雪做成冰砖,拼接起来,相互支撑,形成一个坚固的屋顶。用雪填满冰砖之间的缝隙,这样可以更好地保温。生火时,在雪沟入口外生起火堆，并用石头围成一个圈，防止风吹灭火焰。

印第安帐篷

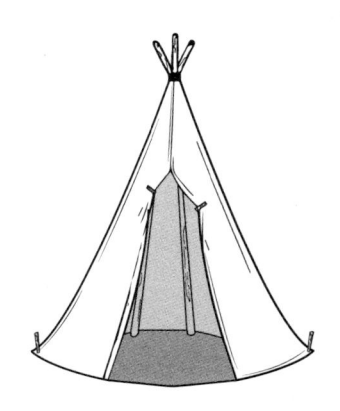

首先需要准备三根等长、中等粗细的木杆作为支柱。先将它们平铺于地面，然后在顶部收紧，用绳至少缠绕五圈固定，这样才能保证木杆竖立时形成稳定的三角结构。如果要在帐篷内生火，还需制作一个简易烟囱。将三根木头分别固定在木杆顶部交叉处附近的三个侧面，可以使顶部结构更加稳固。最后，铺上防水布，并留出一个切口以便进出。

雪洞

找到一个结实的厚雪堆。首先挖出一条进出通道，然后向上凿空，挖出一个高于地面、用于睡觉的平台。用背包挡住入口，防止冷空气进入，并在顶部凿出一个直径15厘米左右的通风孔，以确保空气流通，避免呼吸排出的二氧化碳在雪洞内积聚造成人缺氧。注意火堆应建在洞外。

床垫

枯树叶、苔藓和松枝都是在户外生存时用作床垫的理想材料。确保床垫厚度至少达到20厘米，以保证舒适和温暖。

温暖

当身体核心体温骤降时，你将出现各种不适症状，甚至面临生命危险。在零下29摄氏度的露天环境中，人体在5分钟内就会冻僵。早期人类使用动物皮毛包裹身体，而后使用多层衣物来抵御严寒。这些衣物之间的空隙不仅可以帮助人保持体温，还能散热排汗，帮助身体呼吸。近期，欧洲能源价格大幅上涨，许多家庭首次面临在长期寒冷的天气中，却只能偶尔启用中央供暖系统的窘况。因此无论是家用住宅还是临时安置点，房屋的保暖性都是抵御严寒的关键。老房子由于窗框变形或门下缝隙过大，冷空气很容易侵入屋内，室温难以维持在舒适水平。因此，及时发现并修补这些关键部位至关重要。

在两人共用一条睡袋的情况下，可以脱去衣物，用身体传递体温，给予受冻之人温暖。热量主要通过手、脚和头部等身体末端流失，因此需要特别注意这些部位的保暖，以保持身体核心温度。尽量避免穿着潮湿的衣物。如遇衣物潮湿，应将其置于火旁烤干或阳光下晾干。穿着潮湿衣物会使体温流失速度提高2.5倍。

如何生火

掌握生火技能是荒野生存的另一关键，它能使我们在露营时保持身体温暖并烹饪食物。要想成功生火，首先要了解火焰的三要素：氧气、燃料和热源。

在燃料方面，你需要先准备一些细小且易燃的引火材料，常

见的有树皮、苔藓、枯草和树叶。随后，你可以逐步加入更大一些的干树枝来增强火势。

燃料准备就绪后，下一步是供应热源。最直接的方法是使用打火机和火柴，在此之外，火石和打火棒也是很好的替代性选择。

最后，我们需要向火堆中增加氧气。大多数情况下，单有燃料和热源不足以让火焰充分燃烧，只能生起小火苗，燃不起大火堆。引燃火堆的正确方式是将火星聚拢，然后轻轻吹气，从而增加氧气供应以提高温度，使引火材料顺利燃烧。

制作简易热反射器

户外生存时，在火堆旁制作一个简易的热反射器也是一项重要任务，以将热量聚拢，减少热量流失。首先准备4根等长的木棍。将其中两根垂直钉入地面，中间留出一定间隙，其宽度足够让另外两根木棍平行叠放即可（这两根木棍应具有一定宽度）。叠放前，可以将垂直的两根木棍捆绑固定，使其更加稳固。

食物

营养均衡丰富的饮食可以增强身体活力，保持思维敏捷，呵护心脏健康，同时有助于肌肉生长和骨骼强化。食物中通常含有3

种能够提供能量的宏量营养素。

碳水化合物：碳水化合物是身体能量的主要来源。面包、意面、水果、蔬菜、大米和糖都含有丰富的碳水化合物。

蛋白质：蛋白质的主要作用是促进肌肉发育、修复身体细胞，同时对维持免疫系统健康起到至关重要的作用。肉类、鱼类、禽肉、豆类、蛋类、坚果、乳制品和大豆制品中蛋白质较为丰富。

脂肪：脂肪不仅可以为身体提供能量、御寒保暖，还能保护重要器官。此外，脂肪还是人体必需脂肪酸的来源，可以帮助身体吸收维生素A、维生素D和维生素E。与碳水化合物和蛋白质相比，脂肪能提供更多能量。在极端寒冷条件下，身体为维持体温会以比平时更快的速度消耗能量。奶制品、多种红肉、坚果和牛油果中都含有丰富的脂肪。

外出探险时，可以携带一些能量丰富、食用方便、不占重量、无须冷藏，最好也无须加热的食物。下面是一些值得推荐的选择：

- 混合坚果、种子和果干，如葡萄干
- 能量软糖和能量胶
- 谷物棒
- 新鲜水果
- 鱼罐头
- 奶酪
- 坚果酱
- 贝果

生存基本要素

野外觅食

地球上拥有丰富的动植物资源，完全足以支持我们在野外生存。无论是美味的蘑菇、野生大蒜，还是如鹅肠菜一般的野菜，许多大自然中的食物都可以为我们的身体活动提供热量。若要补充蛋白质，大自然中同样不乏各种鸟类、小型哺乳动物、爬行动物、昆虫、鱼、坚果、蛋和真菌。

以下是一份野外觅食清单。然而，在开始探险之前，你应该提前了解当地通常生长的食物，以便在野外准确地找到它们。一个准备周到的生存者绝不会贸然食用遇到的第一只蘑菇，而是会先仔细观察其形状和颜色，确认安全无毒后再放心食用。

避免食用的植物、坚果和浆果
- 忍冬
- 斑点疆南星
- 毒葛
- 杜鹃
- 毒芹
- 北美刺茄
- 毛地黄
- 大豕草
- 南蛇藤
- 商陆果
- 蝙蝠葛
- 五叶地锦
- 颠茄
- 七叶树
- 山茱萸
- 冬青
- 紫藤

食物

可以食用的植物、坚果、浆果和水果
- 海棠果
- 北美野韭
- 黑果越橘
- 玫瑰果
- 北欧花楸
- 白花楸果
- 接骨木果
- 山楂
- 日本虎杖
- 普通乳草
- 山核桃
- 刺檗
- 牛蒡
- 海滨李
- 刺荨麻
- 落花生
- 黑刺李
- 樱桃
- 李子
- 黑莓
- 野草莓
- 松子
- 胡桃
- 桑葚
- 榛子
- 开心果
- 猫薄荷

避免食用的蘑菇
- 死亡帽
- 南瓜灯蘑菇
- 鹿花菌
- 白毒伞
- 豹斑鹅膏
- 毒蝇伞
- 毒粉褶菌

可以食用的蘑菇
- 牛舌菌
- 蜜环菌
- 鸡油菌
- 双孢菇
- 羊肚菌
- 大秃马勃
- 鸡腿菇
- 灰树花菌
- 平菇
- 猴头菇

生存基本要素

丛林中可以食用的水果
- 杧果
- 木瓜
- 无花果
- 椰子
- 甘蔗
- 榴梿
- 香蕉
- 葡萄柚
- 牛油果
- 菠萝
- 橙子

在野外一定不要食用的动物
- 箱龟
- 蟾蜍
- 千足虫
- 蜈蚣
- 水母
- 河豚

在野外可以加工后食用的动物
- 驯鹿
- 麋鹿
- 野猪
- 鹿
- 山羊
- 驼鹿
- 袋鼠
- 大鼠
- 熊
- 三文鱼
- 澳洲野犬
- 短吻鳄
- 鳄鱼
- 鸭
- 鹅
- 松鼠
- 负鼠
- 海鸥
- 鸽子
- 小鼠
- 兔子

在野外可以食用的昆虫
- 蜜蜂和黄蜂的幼虫
- 蝉
- 蛆
- 蚂蚁
- 白蚁
- 蠕虫
- 蜗牛
- 蚱蜢

水

虽然人体中约有65%都是水,但我们往往并没有摄入足够的水分来帮助身体过滤毒素,使其维持健康运转。同样,我们对饮用水的来源和成分也缺乏足够的关注。就个人而言,我会选择先对水进行蒸馏,加入适量自然矿物质之后再饮用。

当失去的水量超过摄入的水量时,人体就会出现脱水。没有食物的情况下,一个健康的成年人最多可以生存3周;但在没有水的情况下,最多只能生存3天。需要注意的是,相同体积的冰融化后得到的水量通常比雪的多,因为冰比雪更加紧实。因此在缺水时,可以寻找清洁纯净的蓝冰作为替代。在寒冷的环境中,保持充足的饮水量至关重要。只有确保身体水分充足,血液才能顺利供应到身体末端。反之,脱水会使血液变得黏稠,增加心脏供血的难度,进而影响肾脏功能。同时,脱水也会导致人大脑中的水分减少,影响细胞功能。

生存基本要素

人体因持续活动而产生的汗液、尿液和唾液都可能导致水分流失。脱水的症状包括头痛、肌肉痉挛、发热、疲劳、尿液颜色加深、头晕目眩、思维混乱和频繁口渴。请注意，此时如果大便呈黑色或带血，或者出现腹泻，说明脱水情况已经相当严重。

寻找水源

当你在野外迷路，携带的水量所剩无几时，找到水源就变得尤为重要。野外可没有什么便利店，买水显然行不通，应该怎么办才好呢？

观察周围环境中的动物是在野外寻找水源的最佳方式，在干旱地区更是如此。留意身边是否有青蛙、蚊子或苍蝇出现，若有，那么附近一定有水源。蚂蚁同样是寻找水源的好帮手，它们通常会朝向水源爬行。此外，长势健康、郁郁葱葱的植物也表明了地下水的存在。

净化水的方法

将水煮沸数分钟便可杀死其中大部分可能对人体造成伤害的细菌。待水冷却后即可安全饮用。

另一种快速净水的方法是使用碘片。只需在待净化的水中加入碘片，静置片刻便可得到饮用水。不过经碘片处理的水喝起来会有一种怪怪的味道，这是正常现象，不必太过担心。

定位

定位

光知道自己要去哪里，却不知道如何抵达，有什么意义呢？增强辨别方向的能力是提高野外生存概率的又一大利器。

地图

地图无疑是最佳指路工具。提前准备好带挂绳的地图袋，或能塞下地图的口袋，方便随时取用。在潮湿和大风环境中，塑封地图的使用效果更佳。

学会利用地图上的等高线识别所在位置的地形，判断是上坡、下坡还是平地，以及坡度。确定标志性地标，并在地图上找到它们，同样有助于明确方位。

踏足荒野前，你需要提前熟悉目的地地图，并了解图例中各类符号的含义。针对这一技能，有许多内容翔实的在线资源可供参考。

指南针

指南针的磁针会指向地磁北极，从而帮助你辨别方向。定向越野专用的指南针可以与地图搭配使用，以便你更准确地确认目的地方向；如果没有也无妨，小巧的纽扣式指南针同样能派上用场。

如果手头没有地图和指南针，还可以采用其他方法来识别方

生存基本要素

向，例如观察太阳东升西落的运动轨迹。

星星

  不论身处陆地还是海洋，天空中的星星都能为你指引方向。早在上千年前，维京人就借助星星远航。今天，你同样能借此在野外生存。首先，选择一颗星星，并以某个固定的参照物记录下它在天空中的初始位置。随着时间流逝，如果这颗星星相对最初的位置上升了，表明你正面向东方；若下降了，则表明你面向西方；向左移动代表你面向北方；向右则表示你正面向南方。地球绕太阳公转的同时，夜空中星星的位置也会随之改变，唯有北极星例外。

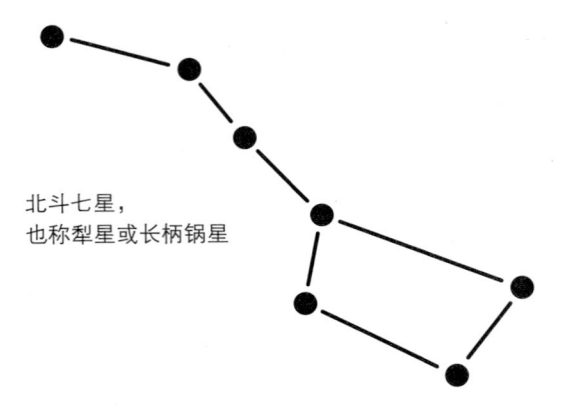

北斗七星，
也称犁星或长柄锅星

  北极星位于北极正上空，因此你看到它时，面前的就是正北方。寻找北极星最简便的方法是首先找到北斗七星。在英国，人们也称之为"犁星"或者"长柄锅星"。当北斗七星围绕北极星顺时针旋转时，将位于"锅底"、离"锅柄"最远的两颗星相连，以最远的那颗星为起点，向外延伸约5倍的距离，那个位置所在的星星就是明亮的北极星。

虽然南半球没有与北极星对应的"南极星"，但由5颗星星组成的南十字星同样可以帮你确定南极的大致方向。

用新月来确定南北方向也十分简单。只需将新月的两个尖角连起来，向上延伸指向北方，向下则指向南方。可以将直线延伸至地平线以更准确地定位。

自然环境

野外环境中一般会有溪流，而溪流可以帮你找到生路。务必沿下游方向行进。溪流可能汇入河流，河流汇入湖泊，而湖泊附近可能就有人烟。如果是要寻找水源，可以跟随蜜蜂或其他昆虫的踪迹，它们通常会在水源附近活动。

制作绳结

要在野外生存，你还需要掌握一些基本绳结的打法，并了解它们的主要用途。

生存基本要素

布林结

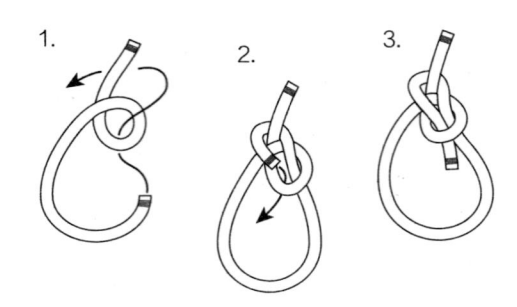

第一步：在绳子中间打一个圈，绳头朝上。这个绳圈被称作"兔子洞"。绳头穿过绳圈，如同兔子般钻出"洞外"。

第二步：绳头从主绳后绕过，好比兔子绕着树跑。

第三步：返回穿过绳圈，兔子再次回到"洞中"。

最后，调整绳结，这是确保绳结稳固的关键收尾步骤。将穿过绳圈的两段绳子及主绳分别拉紧，再将这三段绳子分别拉紧，一个结实耐用的布林结就大功告成了。

布林结是一种非常实用的绳结，常被用于在绳索末端结成一个稳定的绳圈。

双八字结

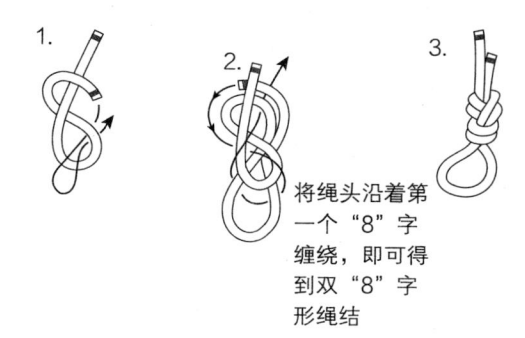

将绳头沿着第一个"8"字缠绕，即可得到双"8"字形绳结

第一步：将绳子折为"U"形，两端都应留出10厘米以上，确保有足够的长度用于打结。然后打出一个绳圈，再将"U"形的绳头叠放到主绳之上。

第二步：将绳头绕到绳圈背面，绳头穿过绳圈，此时，绳结呈"8"字形。

第三步：整理绳结，留出5～8厘米的绳尾以确保绳结稳固。需要调整绳尾长度和绳圈大小时，可将绳头退回绳圈以作调整。

双八字结是最安全的绳结之一，常用于洞穴探险和攀登活动。

双套结

第一步：要在树上打双套结，首先用长绳围绕树干打一个环。

第二步：再打一个环，并在最终收紧之前，将绳头穿过第二

| 生存基本要素

个环。

第三步：调整收紧绳结，完成打结。

注：在柱子上打这种结时，还可以先在绳子上打一个环，然后套在柱子上。再在绳头端打一个相同的环，把第二个环也套在柱子上，收紧绳结。

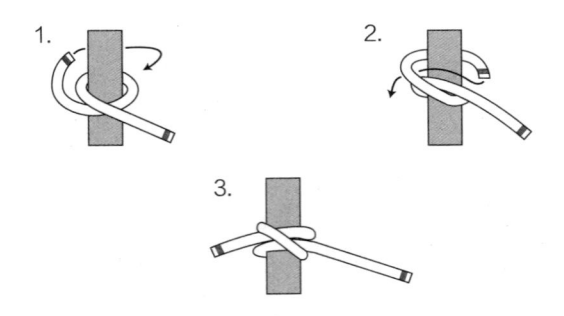

双套结是一种实用的绑定结。

平结

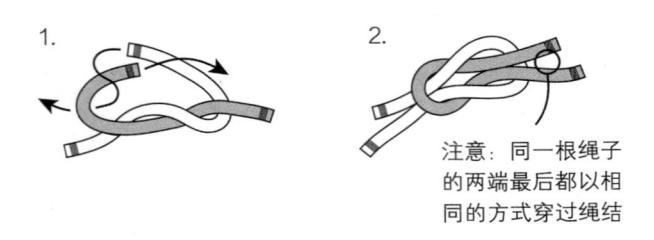

注意：同一根绳子的两端最后都以相同的方式穿过绳结

第一步：双手各握住一根绳子的末端。右手持绳的一端绕过并穿过左手持绳的一端。再将现在位于左手的绳端绕过并穿过现在位于右手的绳端。

第二步：同时拉紧两端以收紧绳结。

平结适用于固定绷带、捆绑包裹和连接两根绳子。

双接绳结

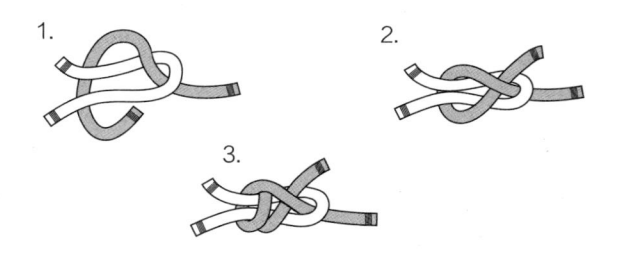

第一步：将一根绳子的末端弯曲成一个"U"形环。用另一根绳子的一端穿过环口。

第二步：用穿过环口的绳子的另一端绕过"U"形环的两边，再从穿过环口一端的下方穿过。

第三步：重复上一步，拉紧4个绳端以收紧绳结。

双接绳结适用于连接两根绳子。

双半结

第一步：将绳子绕过柱子或穿过金属环。

生存基本要素

第二步：绳头绕过主绳，穿出刚形成的绳圈，形成一个半结。

第三步：再绕过主绳打一个半结。

第四步：收紧绳结并将其推至柱子或金属环旁。

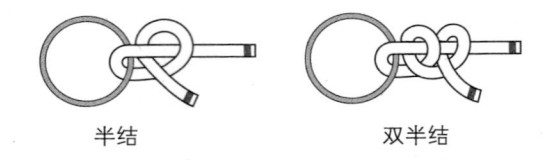

半结　　　　　　双半结

双半结常用于固定帐篷的拉绳。

营钉结

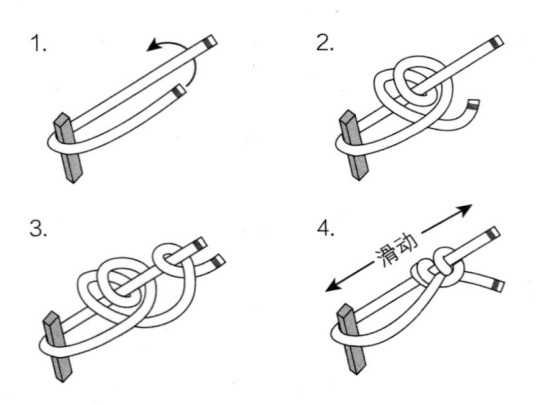

第一步：将绳索绕过柱子或桩子。

第二步：绳头绕过主绳，再穿出形成的绳圈。接着，将绳头再绕环内的主绳一圈。

第三步：将绳头从绳圈外的主绳下方绕过，再向相同方向打一个半结。

第四步：拉紧绳结，即可通过滑动该绳结来拉紧或放松绳索。

营钉结通常用于固定帐篷的拉绳。

渔夫结

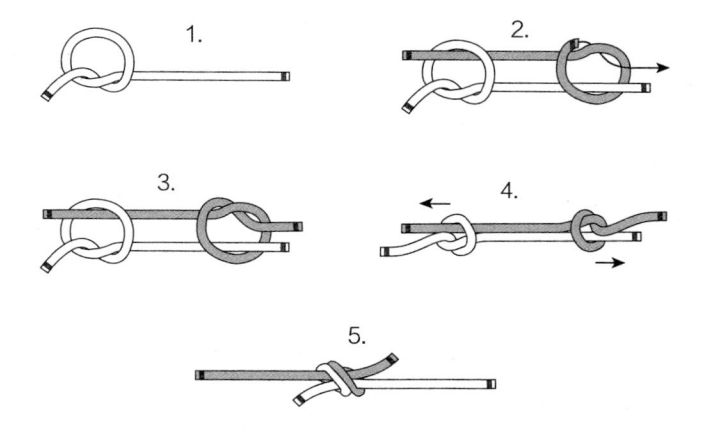

第一步：用第一根绳子打一个松散的单结。

第二步：将第二根绳子的主绳穿过松散的单结，并用第二根绳子的绳头绕过第一根绳子的主绳，打一个松散的单结。

第三步：收紧两端的绳结。

第四步：以相反方向拉动两条主绳。

渔夫结适用于固定钓鱼线。

生存基本要素

水结

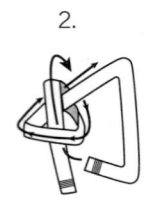

第一步：在一条带子的一端打一个松散的单结。

第二步：拿起另一条带子，沿着第一条带子的结形轨迹反向穿过。

第三步：拉紧两端，使绳结稳固。

水结特别适用于扁带材质。

普鲁士抓结

第一步：准备一根短绳和一根长绳（深色），将短绳系成绳圈。

第二步：将绳圈在长绳上缠绕3~4次，确保每圈都平整地贴合在长绳上。

第三步：将短绳连接处从绳圈中穿出来，用力拉紧。

第四步：拉紧绳圈时，上下滑动长绳以测试绳圈是否稳固。

制作绳结

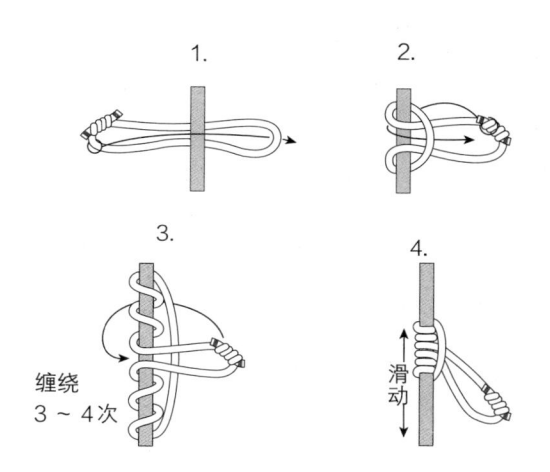

普鲁士抓结形成的绳圈既可以用于上升，也可用于下降，是攀岩、爬树和滑索运动的首选。

转动结

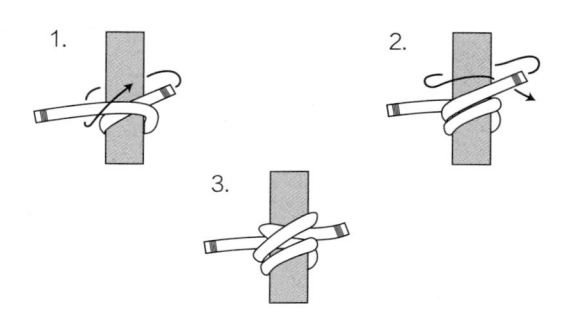

第一步：将绳头与主绳交叉，绳头在上。

第二步：将绳头绕主绳两圈，两圈平行。

生存基本要素

第三步：将绳头再绕一圈，从第二圈穿出，以固定绳结。

转动结用于在现有绳索上添加一个支点，也曾用于雪橇犬的绳索。

发送SOS信号

"SOS信号"是国际公认的紧急求救信号，适用于在紧急情况下请求他人帮助。"Mayday"也是一种求救信号，这个词源自法语的"m'aider"，意思是"帮助我"。无论是烟雾信号、摩斯电码、手电筒灯光等视觉信号，还是哨声、枪声等听觉信号，SOS信号总是以3次为一组的形式发送。对于灯光信号，在高处发送的效果更佳。

利用火堆

准备工作是关键。选择开阔地带搭建火堆，确保火焰在夜晚能被明显观察到。准备充足的干柴、易燃物和枯叶，确保火堆能长时间燃烧。如果可用燃料不足，你需要审慎地选择点火时机，只有在看到飞机和救援直升机，或听到声音后再点火。

为引起过往飞机的注意，你可以先用木块拼出"SOS"几个大字，再浇上航空燃油或汽油点燃。

发送 SOS 信号

利用烟雾信号

3个火堆是国际公认的求救信号。火堆的火光虽然只在夜间才清晰可见，但只要不是大风天气，火堆发出的浓烟在白天也能被远距离观测到。爬到尽可能高的地方布置火堆，这样可以提高被发现的概率。找到一块宽阔的空地，确保烟雾能顺利上升，越过森林，形成清晰可见的烟柱。务必确保有充足的可燃物火焰持续燃烧。

将3个火堆按三角形或直线排列，相邻两堆相隔约30米。向火堆中添加带绿叶的树枝可产生浓郁的白烟，增加远距离可见度。将浸湿的毯子投入火中可以控制烟雾的方向和大小。

利用手电筒

以快速三闪、慢速三闪、快速三闪的顺序发出光信号。记住快闪不超过1秒，慢闪持续1秒以上。这是利用摩斯电码格式表示的SOS求救信号。

利用镜子

使用镜子反射阳光是吸引远处交通工具注意（包括但不限于飞机、船只等）最有效的方法。首先将阳光反射方向对准飞机或船只，然后按照三短、三长、三短的摩斯电码格式发送SOS求救信

生存基本要素

号。这种利用阳光传递信息的方法也叫反光通信法，最早可以追溯到古希腊时期。反光信号镜不仅价格便宜，而且集观察孔和反射屏为一体，便于瞄准指定目标。即便视线范围内没有救援人员的踪影，将反光信号镜持续沿地平线扫射也能将反射光信号传播到30千米外，提升生还概率。

如果手边没有反光信号镜，还可以利用玻璃瓶碎片、锡箔或铝箔应急救生毯等可反射物发出求救信号。

利用信号弹

信号弹是一种烟火发射装置，发射后能产生耀眼的红色火焰，射程可达数百米，因此无论是在飞机还是在船上都能清晰看见。鉴于紧急情况下能携带的信号弹数量有限，应在可能有人看见时发射信号弹。需注意，信号弹的平均燃烧时间只有40秒。

信号弹有3种类型：火箭降落伞信号弹、多星信号弹和手持信号弹，火焰颜色均为红色。在许多国家，非紧急情况下使用信号弹属于违法行为。

利用旗帜

如果遇到险境时你的手头有亮色布料，可以将其绑在长棍上制成旗帜，以此吸引他人注意。这样一来，挥舞旗帜时会更加显

发送 SOS 信号

眼，休息时将其插在地上也能被人看见。

敲击摩斯电码

身处封闭空间时，敲击物体发送摩斯电码是一种高效求救方式。声波能通过固体物质传到附近人耳中。可以尝试敲击窗户或管道。记住，SOS信号的正确敲击方式是快速连续三下，慢速连续三下，最后再快速连续三下，即"点－点－点，划－划－划，点－点－点"。

拼出"SOS"字样

另外一种吸引空中注意的视觉信号是在沙滩等开阔空间用石块或漂流物等拼出"SOS"字样。注意应尽可能将字拼得够大，以便能从高空看见。如果你是从飞机坠毁事故中幸存，正在等待被救援直升机发现，可以收集尽可能多的彩色和反光物品，将它们排列好，能更加醒目。

利用身体信号

身体信号是一种吸引他人注意并传递信息的重要方式，特别是对于搜救飞机。当身体是唯一的信号发送工具时，熟练掌握下图中的身体信号将发挥举足轻重的作用。

生存基本要素

请接走我们　需要医疗帮助　一切都好　拒绝　同意

可以继续行动　有无线电设备　此处降落　不要降落　请通过空投传递信息

利用手机

　　多品牌手机均内置了SOS紧急求救功能。如苹果手机（iPhone）的启用方法为同时长按侧边锁屏键和任一音量键，随后屏幕上会显示"SOS"弹窗，滑动该按钮即可呼叫紧急服务。如果没有滑动按钮，而继续长按侧边锁屏键和音量键，系统将开始倒计时并发出警报声。

急救知识

　　大多数人习惯于生活在一切看起来皆可预测的"真空泡泡"

里，享受着近乎百分之百的安全，逐渐自满起来，不再为突发情况预留准备和计划的空间。这是人类普遍存在的问题，只有灾难真正来临时，才猛然发现自己无力应对。举个例子，如果车子在荒郊野岭抛锚了，你能否马上找到车行维修服务的紧急联系方式，还是说得打听一番才能得到这个号码？当然，如果信号不错的话，可以借助网络搜索。但在此之外，你是否做好了其他准备？你的车上有急救毯吗？如果发生车祸，你是否提前准备了急救包？

一个标准的急救箱应包含以下物品：

· 不同尺寸的创可贴

· 无菌纱布

· 眼部敷料

· 绷带

· 一次性无菌手套

· 镊子

· 剪刀

· 消毒湿巾

· 医用胶带

· 电子体温计

· 皮疹外用药膏

· 芦荟胶（用于昆虫叮咬）

生存基本要素

- 抗菌软膏
- 抗过敏药膏或片剂
- 洗眼液和洗眼杯
- 对乙酰氨基酚

我有个朋友曾在骑摩托车时不幸摔倒,造成股动脉破裂,一时血流不止。幸运的是,他接受过急救训练,知道应该在伤口上方捆扎止血带进行止血。如果是你遇到类似情况,你知道如何应对吗?如果受伤的是你的家人,你一定希望自己能控制局面,及时处理伤口,对吧?掌握急救知识是我们应具备的技能。它简单易学,能为我们的生活保驾护航。

还有一次,一位维珍航空的空乘人员参加了我创办的公司BreakPoint举办的周末急救课程。几个月后,我的妻子劳拉收到了她的感谢邮件,她写道:"谢谢你,你救了我妈妈的命。"原来她的母亲不慎从船尾落入湖中,险些因为螺旋桨割伤而失去一只脚。幸好这位空乘接受了急救训练,在送医前及时帮妈妈止住了血,成功保住了这只脚。面对突发情况,她没有惊慌失措,而是提前做好了准备,运用训练课程中所学的知识从容应对。

在本节中,你将掌握处理各种医疗紧急情况的技能,包括过敏性休克、哮喘发作、糖尿病急症、出血、中风和癫痫发作等的应对方法,以及实施心肺复苏术和使用止血带的操作步骤。

过敏性休克

过敏性休克是一种严重的全身性过敏反应，会造成患者呼吸困难。一般表现为手、脚、面部、舌头及颈部肿胀，伴有瘙痒性皮疹；同时，呼吸变得困难且缓慢，还可能出现呕吐或腹泻症状。吸入花粉、被昆虫叮咬和摄入食物（如坚果、贝类、乳制品和鸡蛋）都可能导致严重的过敏反应，进而诱发过敏性休克。最严重的情况是出现呼吸道肿胀，导致无法呼吸。

有过敏病史的人通常会随身携带自动注射器，内含可以缓解过敏性休克症状的药物。当他们无法自行注射时，你可以依照产品说明帮助他们完成注射。

哮喘发作

哮喘是一种因呼吸道变窄而引起的呼吸困难。使用哮喘吸入器能有效舒张喉部肌肉，帮助呼吸道重新打开。哮喘的常见症状有哮鸣、咳嗽和气短。严重哮喘发作时，由于患者体内氧气不足，其嘴唇可能变为青色。如果患者陷入昏迷，应立即检查其是否存在呼吸：首先使患者头部后仰，这个动作可以避免其舌头阻塞呼吸道，以保持气道通畅。然后将手指置于患者双唇之上，感受是否有呼吸。

生存基本要素

心脏病发作

当应流向心脏的血液阻塞时，人就会心脏病发作。常见症状包括胸部剧烈刺痛、呼吸困难和出冷汗。心脏病发作可能导致心脏骤停。人在心脏骤停时，会瞬间失去意识，倒地不起。若身边的人突发心脏病，我们可以帮助其服用少许阿司匹林，以抑制血小板聚集，降低心脏骤停的风险。一旦患者出现心脏骤停，则需要立刻进行胸外按压，保证血液持续流向身体重要器官。胸外按压的正确方法是将一只手叠放在另一只手之上，手指交叉，下方手掌根部置于患者胸部正中，用力向下推压后释放，重复此动作，直至患者恢复意识。

中风

中风也称脑卒中，此症发作与心脏病发作类似，由脑部血管堵塞或破裂出血所致。脑细胞会因缺氧而死亡。中风是导致成人死亡和长期残疾的一种疾病。近年来，中风在年轻人群体中的高发率令人担忧。美国医疗机构萨特健康的研究显示，目前18～45岁中风患者的占比在10%～15%。

如果你发现自己或他人出现疑似中风的症状，务必立即采取行动，寻求医疗帮助。记住，时间就是生命：中风患者接受治疗越早，康复的机会就越大。时间拖得越久，脑细胞死亡的风险就越高，甚至可能造成永久性脑损伤。

"FAST口诀"能帮助你快速识别与应对中风症状：

"F"（Face）观面部：面部一侧是否下垂？

"A"（Arms）抬双手：举起双臂时，是否有一只手臂不自觉下落？

"S"（Speech）听说话：是否说话困难？

"T"（Time）抓时间：一旦出现以上任一症状，立即拨打急救电话。

中风的其他症状

· 身体一侧突然感觉无力或麻木。

· 视野模糊。

· 剧烈头痛。

· 肢体不平衡，运动不协调。

降低中风风险的措施

· 遵医嘱服用抗血小板药物，预防血栓，降低中风风险。

· 定期运动，降低高胆固醇和超重带来的中风风险，改善心血管健康。

· 戒烟。

- 低盐饮食，降低血压；多吃高纤维食物，控制胆固醇水平。
- 若有中风家族病史，应及时询求专业医生意见。

中风的康复期因个体情况和病情严重程度而异。有的只需要几周，有的可能需要几年。大多数情况下，中风患者可能无法完全康复。康复治疗通常包括言语治疗、作业治疗和物理治疗，分别对应语言表达能力、日常活动能力（穿衣、洗澡、喝水、写字等）和身体协调能力（帮助形成新的神经通路）的恢复。

癫痫发作

癫痫发作的典型症状为突然倒地、四肢抽搐、口吐白沫。在这种情况下，最佳做法是将毛毯或外套折叠后置于患者头下，防止其头部因撞击地面而受伤。不用担心患者会咬伤或吞咽自己的舌头，加以干预反而很可能让你自己受伤。同样，应避免限制患者的身体动作。等待癫痫发作自然结束，再将患者置于侧卧恢复体位，头部轻微向后倾斜，以保持呼吸道畅通。

糖尿病急症

对于糖尿病患者，运动强度过大或未能及时进食都有可能引发低血糖症。低血糖症发作时，患者可能会感到困倦、意识模糊，进而倒地昏迷。此时可以向他们提供高糖饮料，例如果汁或运动型饮料。巧克力和糖果也能有效提高血糖水平。

中暑

高温环境下,身体水分过度流失乃至停止出汗,或长时间暴晒、饮水量不足都有可能引发中暑。此时,因人体体温过高,大脑温度调节神经暂时失灵。注意,中暑并非只在沙漠地带发生,刚放暑假的学生是中暑的高风险人群。一旦出现中暑,需要立即处理,否则可能迅速引起大脑、心脏、肾脏等重要器官和身体肌肉损伤。拖延就医的时间越长,出现严重并发症甚至死亡的风险就越大。

中暑的症状

- 出汗。
- 体温超过40℃。
- 皮肤发热、发红(轻度中暑)。
- 皮肤冰凉、异常发白(重度中暑)。
- 头痛。
- 恶心。
- 眩晕。
- 意识模糊。

生存基本要素

- 谵妄。
- 语无伦次。
- 呕吐。
- 呼吸急促。
- 心跳加快。

降低患者体温的方法

- 将患者转移到阴凉处。
- 提供充足的液体，如水或运动饮料。
- 脱去患者的全部衣物。
- 如果患者能够站立，可以通过冷水淋浴降温，也可用水管向患者喷水，或者让患者浸泡在冷水浴缸中。
- 如果患者不能站立，可以用床单轻轻围住患者身体，反复浇上冷水，或者用毛巾浸透冷水持续擦拭其身体。
- 用布料包裹冰块，分别置于患者的前额、腹股沟、颈部和腋下。
- 持续测量患者体温，直至其体温降低。

如果上述手段治疗效果良好，患者体温迅速恢复到37℃左右，则无须急救。但如果患者是初次中暑，为确保安全，还是建议呼叫救护车，并在等待专业救援时采取上述措施。

预防中暑的措施

- 大量饮水，保持身体水分充足有助于维持正常体温。
- 在阳光下行走时戴上宽檐帽。
- 避免在一天中最热的时段外出。
- 使用SPF15以上的防晒霜，每两小时重新涂抹，以防晒伤。
- 穿着宽松轻便的衣物，方便身体散热。
- 注意检查服用的药物中是否有可能影响身体水分水平或心脏功能的药物。
- 身体适应炎热天气需要时间，应逐渐增加在高温环境中工作或锻炼的时间。

烧伤

烧伤是因皮肤接触高温物体引发的组织损伤。面对烧伤，迅速而正确的处理至关重要。需注意，疼痛感并不总能准确反映烧伤的严重程度。

烧伤的处理方法

- 尽快用常温水冷却伤口，避免使用冰块，否则会对皮肤造成二次伤害。
- 移除烧伤部位附近的所有衣物和首饰。

- 使用保鲜膜轻轻覆盖创面，注意不要加压缠绕。如无保鲜膜，可用干净的敷料代替。
- 如果条件允许，应抬高烧伤部位以减轻肿胀。
- 可向伤者提供对乙酰氨基酚等镇痛药物缓解疼痛。

如何止血

成人体内约有5000毫升血液。出现大出血时，首要任务是尽快止血。持续按压伤口5～15分钟可以帮助血液凝固。对于较大的伤口，应尽量同时按压伤口边缘。如果伤者出现寒战、眩晕或面色苍白等症状，可能是因为失血过多，有心脏病发作的危险。此时应让伤者躺平，将腿部抬高至头部以上，以促进血液流向心脏和大脑，同时要盖上毯子维持伤者体温。

按压止血是帮助伤口结痂的最佳方式。紧急情况下，如果伤者无法立即获得医疗援助，可采取以下方法帮助止血：

- 使用止汗剂止血，其中的氯化铝可帮助减少出血，加速伤口凝固。
- 含酒精的漱口水可作为止血剂，加速血液凝结。
- 金缕梅蒸馏液可以有效止血。
- 凡士林和一些润唇膏中的矿脂成分可用于止血，注意使用前需清洁伤口。

- 冷茶包中含有单宁酸，可促进血液凝结，同时具有抗菌效果，有助于防止伤口感染。
- 使用洁净干燥的布料包裹冰块直接敷于伤处，可收缩血管，帮助血液快速凝结。
- 抬高受伤部位可减少出血，从而帮助止血。

如何使用止血带

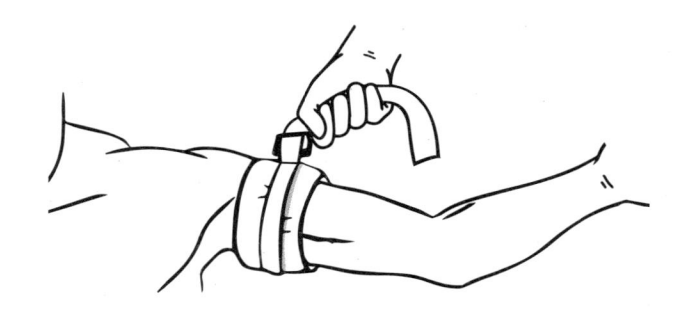

在伤口上方（伤口与心脏之间）使用止血带可有效防止过量出血，通过对血管施加压力限制流向伤口的血量。当伤口较深或触及动脉，导致血流不止时，使用止血带便十分必要。止血带可用于躯干、手臂和腿部止血。如果是在城镇附近，你可以拨打120急救电话；但如果身处荒郊野外，遇到有人受伤严重、流血不止的情况，应立即让伤者躺平，头下垫上柔软物品，然后遵循以下基本步骤使用止血带。

第一步：确定出血点。如果难以发现，可以询问伤者最痛的位置在哪里，或身体某处是否有脉动或麻木的感觉。

第二步：去除遮盖出血点的衣物，用一块干净的布按压出血位置。根据这块布的湿润程度，可以迅速判断伤口是已经凝结还是仍在持续出血。如果持续按压10分钟后血液仍未凝结，应使用止血带。

第三步：在出血点上方5～7厘米处，将止血带缠绕在伤者患肢上，确保止血带位于伤口和心脏之间。若无医用止血带，可使用袜子、紧身裤、围巾、毛巾、健身拉力带、弹力绷带或头巾等代替。

第四步：在止血带上系一个结，然后在结上放一根短棍，沿顺时针旋转以收紧止血带。待适当收紧后，再用橡皮圈或发带对短棍进行固定。

使用止血带的注意事项

· 确保止血带捆扎在出血点与心脏之间。

· 不要直接在出血点上捆扎止血带。

· 不要在接近关节的位置使用止血带，如肘部、腕部、踝部、膝部等。

· 不要在厚重衣物之上捆扎止血带。

急救知识

如何实施心肺复苏

如果你发现有人受伤且看起来已经没有了呼吸，或昏迷不醒，那么他可能正处于心脏骤停状态，需要对其进行心肺复苏来恢复心跳。首先，使伤者平躺仰卧。施救者应保持手肘伸直，身体前倾，双手交叉叠放，将手掌根部置于伤者胸部正中。然后，将胸部向下推压5～6厘米，以每秒两次的速度连续按压30次。如果你熟悉比吉斯的歌曲"Stayin' Alive"（活下来），并且有些黑色幽默，那么你可以跟着这首歌的节拍按压，节奏正好是一秒两拍。30次按压后，再进行两次强度适中的人工呼吸，方法是将伤者的头部轻轻后仰，托起下巴，捏住鼻孔口对口呼气。以30次按压加两次人工呼吸为一组动作循环，直至他人接替或伤者恢复意识。

如何帮助窒息的人

当一个人因呼吸道梗阻而影响正常呼吸时，旁观者会十分紧张，受害者本人更是万分恐慌。受害者可能会出现面部通红、眼泪涌出，甚至恐慌、挥舞手臂和剧烈咳嗽的症状。情况严重者，还可能因大脑缺氧而昏迷，而昏迷时间越长，大脑遭受的不可逆损伤就越严重。

窒息通常由快速吞咽未充分咀嚼的食物引起，如葡萄、爆米花、硬糖、鸡骨头等。躺卧时因呕吐导致的窒息是另一种常见的情况。儿童可能因嚼食小型塑料玩具而造成窒息。吞咽困难则是指大脑发送到下颚的信号延迟导致患者无法吞咽的情况。

窒息分为两种情况：一种是患者还能部分呼吸，另一种是呼吸道完全阻塞。若能部分呼吸，应鼓励患者咳嗽，以便排除异物。不建议直接用手指去掏异物，这可能会使你被患者咬伤，或将异物推得更深。如果呼吸道完全阻塞，无法呼吸，应让患者倚靠在你的前臂上。你站在患者背后，微微侧身，然后用手掌根部在患者肩胛骨之间用力拍打5次。如果此时异物仍无法排出，可以尝试进行腹部推压。

需要注意的是，这一方法并不适用于1岁以下的儿童。遇到婴幼儿窒息时，应让他们面部朝下趴在你的膝盖上，然后拍打其背部。如果这种方法不奏效，就需要进行胸部推压，即先让孩子面朝上平躺在你的大腿上，然后找到胸骨中央的位置，用两根手指向下推压约1/3的胸腔深度。

海姆立克急救法

海姆立克急救法是一种针对窒息患者实施腹部推压的急救措施。首先，施救者站在患者背后，双臂环绕其腰部，并让患者稍微前倾。然后，施救者一只手握成拳头，放在患者肚脐上方；另一只手环绕患者腹部，包住拳头，迅速向内和向上挤压5次。

严重窒息可能导致的后遗症

- 不论患者年龄大小，窒息都是一种非常恐怖的经历，可能导致其对食物产生焦虑，甚至患上创伤后应激障碍。
- 实施海姆立克急救法可能导致患者肋骨骨折，因此只有在绝对紧急的情况下才应采取这一措施。
- 患者的喉咙内壁可能因为卡住的异物而损伤。
- 吸入食物或液体可能导致肺部感染，进而引发吸入性肺炎。

睡眠

睡眠是维持身体健康的关键因素。充足的睡眠能够让人在醒来时感到精神焕发、身心平衡、充满活力、头脑清晰。一般人需要保证每天至少8小时的睡眠时长。睡眠时，身心可以得到充分恢复。缺乏睡眠则会损害免疫系统，降低认知能力、思考能力和注意力。长期睡眠不足还可能患上高血压、糖尿病、心脏病、抑郁症等疾病。

每个人的大脑里都有调节睡眠周期的生物钟，我们因此知道自己何时感到疲倦，何时精力充沛以开始新的活动。生物钟24小时的周期性循环被称作昼夜节律。

睡眠共分为4个阶段：

第一阶段：轻度睡眠，身体开始放松。

第二阶段：睡眠程度逐渐加深，心率和呼吸变得更加缓慢。

第三阶段：身体进入深度放松状态，心跳、大脑活动、呼吸和肌肉活动放缓。

第四阶段：入睡约90分钟后，进入快速动眼睡眠，通常在这一阶段我们会做梦。

卫生

户外生存时，确保个人卫生是有效预防疾病传播的关键。一天两次的牙齿清洁就是其中不可忽视的一环：应对自然灾害时，如果突发牙龈脓肿，无疑是雪上加霜。定期用肥皂和清水清洗双手同样不可或缺。如果家里有小孩，也应培养他们勤洗手、保持健康的好习惯。人与人之间的接触、接触不洁的物体表面都是细菌传播的主要途径。此外，用手揉眼睛、摸鼻子、擦嘴或捂嘴打喷嚏后再接触食物，也会促进细菌的传播。

每次洗手时间不应少于20秒，特别是在以下情况下：

·准备食物前后。

·进食前后。

·照顾腹泻等疾病患者时。

- 换尿布后。
- 上厕所后。
- 接触宠物后。
- 处理伤口前后。

灾难发生可能导致停水或管道损坏，从而使排泄物的处理受到影响。当水龙头和马桶都不再出水时，你需要启用一些如厕的替代方案。

使用家用厕所： 先排空马桶中的水，再将两个塑料垃圾袋一起套在马桶上。向垃圾袋中先倒入适量的锯末或沙粒，再加入适量的漂白剂。数次使用马桶后及时取出、更换并封好垃圾袋。更换垃圾袋时务必戴上手套，并在更换后使用漂白剂或沸水对手套进行消毒。最后，将装有排泄物的垃圾袋放置在距住宅至少60米的密封垃圾箱内。

制作便携式厕所： 将两个垃圾袋一起套在一个可以蹲坐的大桶上。也可以找一把椅子，将椅座拆除、换成两块短木板，在两块木板中间留出排便的空间，然后把椅子放在桶上。同样，别忘了在垃圾袋中倒入锯末或沙子，并加入适量的漂白剂。

停水情况下，确保备有充足的擦手湿巾或酒精含量不低于60%的手部消毒液，以满足基本的卫生需求。据估计，全球每年因缺乏基本的洗手设施而死亡的人数高达70万。

生存基本要素

你的卫生应急包应包含以下基本洗漱和清洁用品：

- 至少可用两周的卫生纸。
- 湿巾。
- 毛巾。
- 抗菌洗手液。
- 漂白剂。
- 牙膏。
- 牙刷。
- 洗发水。
- 牙线。
- 指甲剪。
- 橡胶防护手套。
- 肥皂。
- 加厚可封口垃圾袋。
- 沙子、猫砂或锯末。
- 卫生棉条、卫生巾。

呼吸

感到恐慌、心跳加速时，身体的新陈代谢也会加快，并让你在短时间内感到异常饥饿。通过深呼吸来平息不断加剧的恐慌感是至关重要的第一步。紧张只会让人思维混乱,而你需要保持头脑清晰,重新掌控局面。应对恐慌情绪时,特种部队士兵会用3个简洁的词语帮助自己保持冷静。

呼吸: 放松身体,专注呼吸。

调整: 评估情况,锁定1~2个可控因素,如放慢呼吸的能力。

行动: 整理思绪,采取恰当行动。

箱式呼吸法

箱式呼吸法是一种帮助身体放松并专注呼吸的好方法。找一把椅子坐下,双手手掌朝上平放在膝盖上。尽量忽略周围的噪声,沉浸于自我,按步骤进行呼吸。

第一步: 用嘴慢慢呼气,尽量把肺内所有的气体排空。

第二步: 屏住呼吸,默数到四。

第三步: 通过鼻子深深吸气,心中慢慢数到四。让气息沉入下背部,感受随着肺部充满空气,肩膀缓缓抬升。

第四步: 屏住呼吸,心中再次慢慢数到四。

重复这一过程。一点小提示:如果呼气时间能比吸气稍长一些,比如慢慢数到六,效果会更佳。

生存基本要素

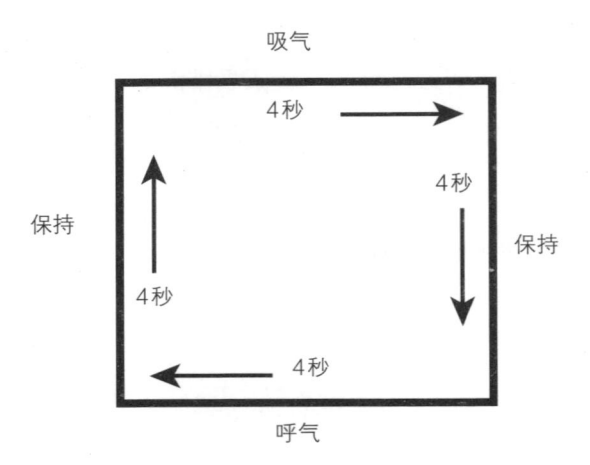

```
         吸气
    ┌─────4秒──────→┐
    ↑               │
保持 │              4秒 保持
    │4秒            ↓
    └←────4秒──────┘
         呼气
```

专注于深呼吸时，自主神经系统会进入放松状态，有助于降低血压和调节体温，最终使人感到平静。深呼吸背后的科学原理如下：屏住呼吸会让血液中的二氧化碳含量增加，呼出空气时，大量释放二氧化碳会刺激控制呼吸的迷走神经，进而激活副交感神经系统，最终使大脑和身体产生一种放松平和的感觉。

规划和准备

现在，你已经掌握了在野外生存的必备基本技能和知识，也明白了需要准备哪些工具。但怎样才能为日常生活中的突发事件做好充分准备呢？显然，需要做的准备会因你所处的环境和面临的挑战而有所不同。比如，如果你居住在多雪地区，你就需要为冬季做好准备。暴风雪或冰暴可能使外出变得过于危险，因此你至少需要准备两周份易储存的食物和水。如果患有需要定期服药的慢性病，你需要确保备用药品的储备充足。对于宠物，你应该为它（们）准备足够的食物。如果有婴儿，则还需为其备好充足的尿布。如果家里即将迎来新成员且可能居家分娩，你需要了解相关专业知识及操作。为应对停电风险，备有太阳能加热器十分关键。此外，你还需准备发电机、新鲜的水源、充足的手电筒及备用电池、取暖用的木柴等，以及书籍和游戏等，好让孩子们打发时间，这也能帮助家人在紧张的氛围中保持冷静。以上只是针对一种情境举的例子，其中大部分准备都可基于常识。

准备"返家"包

灾难发生时，你可能身处离家较远的地方，比如工作场所。此时，你应在车内或办公室准备一个"返家"包，其中包括：

- 刀具。
- 急救包。
- 身份证件。
- 信用卡。
- 小额现金。

生存基本要素

- 饮用水。
- 净水片。
- 能量棒。
- 更换的衣物。
- 舒适的鞋子。
- 救生哨。
- 手电筒及备用电池。
- 所在地区的地图。
- 手摇发电收音机。
- 重要联系人及电话号码列表。
- 为手机及其他电子设备充电的满格电量充电宝。

如果是开车上班,请确保油箱内有足够的油让你安全回家,并在后备厢备上备用油桶,以防中途油量不足。

留守自卫

留守自卫是指决定留在家中,等待外界的灾难和危机结束。想想电影《小鬼当家》里那个机智的小男孩凯文,他在家人前往巴黎度假时被意外留在家里,随后独自对付两个笨贼。面对犯罪分子时,你需要采取类似的策略。

面对机会主义犯罪分子时,如果你正巧在外面,那么让他们误以为你在家是明智的选择。我不太建议你设置凯文那样的陷阱，比如悬挂锤子或用绳子操作人形模型，我更推荐你利用一些智能应用来远程控制家里的灯光、音响和收音机。不过，大多数窃贼在上午10点至下午3点期间活动，此时大多数人都不在家。如果窃贼在早晨见到灯亮着，可能会认为有机可乘，因为大部分人在光线充足的白天通常不会开灯。

防盗的基本要求包括在房子外围安装可见的监控摄像头。应适当布置感应灯，以便任何踏入住宅边界的人能被立即发现。报警系统应反应迅速、声音响亮，足以吓退入侵者。即使你没有安装以上设备，放置表明安装了监控摄像头和报警系统的标志，以及"家有恶犬"的警示牌也是一种有效的威慑。所有低层窗户都应装上坚固的锁。

如果是一大群极度饥饿的人试图闯入你家该怎么办呢？仅凭感应灯和手机应用远远不够。家就像你的城堡，无论外面发生什么——极端天气还是社会动乱，你都必须使其尽可能地自给自足与安全。你对自己的家了如指掌，知道每个角落和逃生路线，家里有充足的存储空间，而且最重要的是，这里是你的港湾。在灾难面前，你当然希望能在这里待上尽可能长的时间。

以下几种方式可以在不动声色之中加固你的住宅，例如安装防弹玻璃。涂装钢质百叶窗不仅外形美观，关闭并上锁后还是一

生存基本要素

道有力的防线。钢质前后门能够加强出入口的安全。此外，还可以搭建一个钢质"安全屋"：一旦陌生人闯入家里，你就可以躲入其中并上锁。但前提是安全屋内有一个与专业安保团队或当地警局相连的紧急按钮，一旦按下，他们将前来救援。社会动荡时期，你还需考虑警力是否可能因过于紧张而无法及时响应。安全屋应舒适宜居，且储备有充足的水和食物。

紧急逃生

当家中不再安全，无法继续停留时，你带领家人撤离到指定安全地点的时刻就到了。要确保应急逃生的车辆就在家附近。紧急撤离是万不得已的最后手段。建立避难所不是一个周末便能完成的项目，它需要长期的投入和巨大的努力。这是你的临时家园，并且你在这里的停留时间未定。

许多人憧憬在极为偏远的地方避难，比如轻易不会被人发现的无人荒岛或深山老林。但在建立避难所之前，你需要考虑到达那里所需的时间及必须穿越的区域。避难所不必是地下掩体，也不需要是《海角乐园》里的树屋。有时，异地的亲戚家就是上好的选择。

避难地点的选择取决于多种因素，如全家的移动能力：家中是否有需要特殊设备辅助移动的成员？你能否徒步带着他们穿越崎岖地形？尝试这样做时，你自己是否会面临危险？如果计划中包含带上年迈的父母，他们将要如何应对？考虑这些基本的难题，能帮助你选择一个切实可行的避难地点。

避难地点的选择应基于当前最可能面临的危险。如果面临的是核战争，你的避难所需要与城市保持安全距离。如果是可能的社会崩溃，则需要选择尽可能偏远的地区，因为无论是核辐射还是绝望之下追逐食物的人类，都能实现长距离覆盖！

紧急逃生背包

紧急逃生背包内应包含你在紧急撤离情况下维持3天生存所需的所有基本物品。应将它存放在容易拿取的地方，以便迅速拿起并离开住所。家中的每位成员都应配备一个紧急逃生背包。可以将所有背包存放在同一地点，以避免在紧急情况下浪费宝贵时间。紧急逃生背包应至少包括：

- 刀具。
- 急救包。
- 1～2升水。
- 内置GPS的移动电话。
- 卫星电话。
- 滤水器。

生存基本要素

- 不易腐烂的食品、葡萄糖能量片、能量棒。
- 所有必需的处方药物及医生出具的处方。
- 替换衣物，包括内衣。
- 现金。
- 具踝部支撑的徒步鞋。
- 指南针。
- SOS信号弹。
- 防水服。
- 个人卫生用品，如湿巾、卫生纸、卫生棉条、卫生巾。
- 救生哨。
- 强力胶带。
- 身份证件及重要文件的复印件，置于密封的防水袋中。
- 手电筒及备用电池。
- 洗漱用品。
- 垃圾袋。
- 纸和笔。
- 绳索（绳子或降落伞绳），建议长度5米，卷装以便存储。
- 当地地图。
- 手摇发电收音机。
- 重要联系人及电话号码列表。

规划和准备

- 便携式遮蔽物，如雨披、简易帐篷。
- 手机充电器。
- 保温毯。
- 宠物食品。

紧急物资储藏

　　紧急物资储藏是一份位于前往避难地点沿途、储存食物和生活必需品的秘密储备。为确保家庭成员即便失散也能各自找到它，每个人都应该清楚知道它的具体位置。然而，为安全起见，你还应该像《肖申克的救赎》里的安迪一样，记下储藏点周边的视觉标记，比如"一片有长石墙和橡树的干草地"。视觉提示很重要，但在紧急情况下，你不能像海盗一样寻宝。确切知道储藏点的具体位置至关重要。

　　如遇下雪，视觉标记被覆盖怎么办？因此，务必提前通过GPS坐标和一张全家共享的地图明确标记储藏点的精确位置。理想的做法是将3个固定物体（如树、石头或任何永久性建筑物）作为参照点，并计算出步行至储藏点的步数。将参照点与储藏点相连，3条线的交点便是储藏点的所在位置。记得标注储藏深度，避免因地点偏差而无谓地向下挖掘。可以携带一根探针或长帐篷钉进行探测，以在挖掘前确定位置。

生存基本要素

紧急物资储藏应包含应急食品、水、备用急救包、毯子、全家人的替换衣物以及弹药（如果携带枪械）。这些物资应密封在一个防水真空袋中，埋藏于地下，并在地面撒上树叶或其他自然物，使储藏点看上去更加自然，避免被旁人发现。

第三部分

气候和地形

极端寒冷

本节提供的求生建议大多源自我作为登山者的个人经验,以及在特种部队北极作战训练期间习得的御寒知识。当然,其中不乏通过常识和预判就能获知的求生技巧,这是我们每个人都具备的能力。

美国《国家地理》杂志指出,受全球变暖影响,冬季的极端寒潮天气将成为常态。由于气温上升,大气能容纳更多的水汽,降水量随之增加。气温低于冰点时,就会形成更多降雪。对此,我们需要学会采取一定防护措施,以安全度过这些寒冷的日子。包括多穿几层衣物,给汽车装上防滑链条,在积雪路面行驶时备好应急食物,以及用于半路被困时保证车内供暖的应急燃油。

在寒冷天气外出时,需携带适当的装备和必要的应急物资。基础版清单如下:

・雪鞋。

・保温毯。

・饮用水。

・零食。

・能量棒。

・指南针。

气候和地形

- 卫星导航仪。
- 多层保暖衣物。
- 急救包。

奥利经验谈：挪威的北极特训

在特种部队服役期间，我时常与水相伴，确切一点说，是在冰冷刺骨的水下接受作战训练。在挪威进行北极特训时，我们会在夜间从冰面上的洞潜入水中，带上指南针进行水下导航练习。即使身穿氯丁橡胶潜水服，也难以抵挡刺骨的寒冷。因此保持身体活动，促进血液循环尤为重要。训练的后半段是出水及爬出冰面。出水后要尽快脱去衣物，然后在雪地里打滚，帮助吸收身上的水分。和在水中一样，要保持身体一刻不停地活动，这样才可以确保全身血液流通，有效降低出现低温症的风险。

在智利拍摄《特种部队：谁与争锋》系列真人秀期间，我们进行了一些针对寒冷环境的特种部队模拟训练。不过这次可没有专业的潜水服了，我也只好身穿便衣向大家演示如何冷静地通过冰洞钻入水中，以及如何在冰水中保持身体稳定。为了做好示范，我必须面无惧色地向参加节目的素人展示每一个具体步骤。而在此之前，我已经很长时间没有进行过类似训练

极端寒冷

> 了，因此只能更多依靠心理暗示的力量。这次经历可以说是我被冷刺激头痛折磨得最厉害的一次了！
>
> 接下来，我需要在冰面下潜游 10 米，从另一侧的冰洞冒出水面，接着再游 10 米到下一个冰洞。这就是北极特训的日常。

如果你将参与探险并穿越冰面，你需要提前进行身体和呼吸训练，以为落入冰水的可能做好准备。当然，但愿这种事不会发生在你身上。若身体亲历冰水环境、做出反应并最终成功适应，等真正遇到类似情况时，你将拥有更好的肌肉记忆，更镇定地应对，自然也能更好地控制呼吸。

冷水浴和冰水浴在当下非常流行。这两种方式都是通过让身体适应温度的骤降来锻炼其抗压能力。让身体冷战的压力和我们在职场和家庭中面临的压力看似截然不同，但对身体来说，压力就是压力，无论来自哪里，都会引发相同的化学反应。因此，定期进行冷水耐受性训练可以显著提升我们应对日常压力的韧性。

先脱去几件衣物让身体感受寒意，再慢慢逐一穿上，也是帮助身体适应寒冷的一种方式。长时间待在供暖过热的室内空间对身体健康毫无益处，只能让我们在真正的寒冷面前不堪一击。上述适应性训练和前文提到的物资清单便是在极端寒冷环境中生存所需的必要准备。

气候和地形

生存案例研究:《冰峰168小时》

1985年,乔·辛普森和西蒙·耶茨成功登顶了位于秘鲁安第斯山脉海拔6344米的修拉格兰德山。他们从西侧完成了攀登,之后开始沿北脊下山,那是一片遍布雪檐的危险区域。第一个踏空的是耶茨,他在茫茫雪地中不慎走上了一个雪檐的边缘。雪檐突然崩塌,耶茨腰间的绳索瞬间拉直,他被挂在半空中,脚下是1300米的悬崖。

到了晚上,他们挖了个雪洞休息过夜,吃光了剩下的食物,点燃了最后的一罐燃气生火煮雪,补充水分。第二天一早,这对登山搭档心急如焚,只想尽快下山。狂风暴雪让人近乎失明,行进之中辛普森不幸坠入冰崖,落地时右腿着地,伤势严重,胫骨直接穿过了膝关节。在极端天气条件下,他们必须迅速下山,但辛普森的右腿已经无法承受任何压力,不能再行走了。

要走下余下900米的冰崖,唯一的办法是将两人的安全绳绑在一起,耶茨坐在雪地一个车座大小的凹位中,拉动绳子并借助下降保护器让辛普森缓慢下降。下降的过程相当漫长,但两人仍完成了很长一段距离。突然间,山壁变得陡峭,辛普森发现自己悬在了半空中,全身的重量都压在了安全绳和正全力支撑他的耶茨身上。这样下去,耶茨被拽下悬崖只是早晚的事。

耶茨苦苦支撑了90分钟,心里满是犹豫和挣扎,最终还是做出了割断绳子的决定——不然谁也活不下去。那一刻,耶茨对生存的渴望超越了对朋友的忠诚;他希望自己还能活着见到明天的太阳。在他割断绳子后,辛普森在一片昏暗中坠落了近60米,撞破了冰窟窿顶部的冰层,最后落到了一座冰桥上。辛普森拽了拽身上的绳索,发现绳子落在大腿上。他意识到耶茨已经割断了绳索,但并不对此怀有怨恨。

对辛普森而言,唯一的出路是接着向下爬。他只身深入黑暗,爬向未知的深渊,全靠一颗孤零零的冰螺栓支撑着自己的信念和全身的重量。在绳索只剩短短数米时,他成功降落到一块坚实的冰面上,前方也终于出现了希望的曙光。远处,一束微光透过冰洞的裂缝照了进来——老天保佑,那一定是出口了。就算是没有负伤的攀登者,爬过去也是困难重重,稍有不慎就会滑落。但辛普森矢志不屈,对因先前的疏忽落到如此境地的自己感到愤怒的他,这次设立了一系列小目标,将这个近乎不可能完成的任务分解成一个个20分钟长的爬行任务。

终于抵达冰洞出口时,胜利的欣喜却立马被眼前一望无际的冰原取代——这里处处都可能隐藏着冰缝。随后,辛普森发现了耶茨留在雪地里的足迹,并开始艰难地跟随足迹,靠臀部

气候和地形

> 的力量缓慢向前爬行。整整3天，他无数次与幻觉做斗争，忍受着难以言表的痛苦，以及担心耶茨和留守大本营的理查德可能已经离开的极端焦虑。他靠吸食冰块补充水分，不断设下新的20分钟小目标。终于，在第三个夜晚，辛普森回到了营地。
>
> 自这场噩梦般的登山之行后，这对登山搭档不再是朋友，但辛普森坚持认为，如果面对相同的情境，他也会做出同样的决定；他甚至表示，如果当时自己手里有刀，他会自行割断绳索，落到冰窟窿里等待命运的安排。

低温症

低温症通常出现在身体暴露于寒冷、潮湿或刮风等低温环境，或直接接触极冷的物体时。在上述情况下，身体的热量将会大量散失，而为了维持人体核心温度，能量消耗的速度也会加快。当储存的能量耗尽且丢失的体热超出产生的体热时，低温症便会出现。

低温症的症状

轻度——初期是剧烈的寒战，这是身体在试图通过运动产生热量。随后手脚运动能力逐渐下降，行动变得困难。思维迟缓、意识模糊和疲劳感接踵而来。其他常见症状还包括面色苍白、颤抖、摔倒和频繁排尿。

中度——表现为心律不齐、言语不清、头痛、皮肤发蓝、低血压、反应迟钝和瞳孔扩大。此时，患者呼吸减慢，认知能力受损。

重度——症状包括肺部积水、昏迷、停止排尿、低血压和心脏骤停。

低温症的预防

避免在极端寒冷的环境下进行剧烈运动，这会导致身体大量出汗，而穿着湿衣服在低温条件下会加速体温流失。内穿羊毛或丝质衣物有助于身体保温，外穿防水材质的外套和裤子有利于抵御寒风。用围巾或巴拉克拉法帽护住耳朵和面部。戴上帽子避免头部热量散失。

低温症的治疗

照顾低温症患者时，首先需要为其脱去湿衣服，然后以轻柔的动作换上干衣物。注意避免因动作粗鲁造成二次伤害。如果你手头有刀具，也可以将湿衣服快速割开。这时你可能迫不及待地想要通过剧烈揉搓患者身体帮助其回温，但对低温症患者而言，剧烈运动和快速升温都可能导致其心脏骤停。正确的做法是一步步来，先用毛巾擦干身体，再用毯子包裹全身，身体会缓慢复温。

躺在寒冷的冰面上会让患者体温持续下降。如果有急救毯，

气候和地形

可先铺在患者身旁，再轻轻将其转移至急救毯上，并使患者保持侧卧位（参见第76页），用急救毯包裹患者身体。之后再为其盖上毯子和大衣隔热保温。如果有暖手宝或暖水袋，应优先放置于患者胸部、颈部和腹股沟，确保这些身体关键部位的温暖。适量饮水也十分必要。

> **奥利经历谈："腋间"休整**
>
> 在特种部队选拔的最后阶段（关于"躲避和逃生"），士兵们身着一件T恤、一件军装和一件厚大衣，脚踩一双军靴，没穿袜子。我们当时在寒冷的布雷肯山脉接受训练，沿途终于找到一个谷仓。只能说幸好当时没有农夫开门检查，因为为了暖和冻到快要失去知觉的双脚，我们脱掉鞋子，正两两合作互相把脚伸进对方腋下。不得不说，这个方法确实有效！

冻伤

糖尿病患者、吸烟与饮酒人群、儿童和老人更容易遭受冻伤，常人在身体脱水或穿着过少时也会面临更高的冻伤风险。皮肤长时间暴露于低温环境会快速引发冻伤，常见于手指、耳朵、脚趾、鼻子、脚和脸颊等身体远端部位。患处在早期会出现麻木和刺痛感。冻伤按严重程度可分为3个级别。

一级冻伤：轻度冻伤，也称"亚冻伤"，局部皮肤表现为苍白色或蓝紫色斑，伴随水肿和充血红肿。

二级冻伤：表皮冻伤，皮肤内的水分结成冰晶。原本的刺痛感变为剧烈的疼痛，受影响的局部组织会变成红色、紫色和蓝色，伴随起水疱和脱皮。皮肤也可能因积液而肿胀。

三级冻伤：深度冻伤会侵袭皮下组织。随着细胞死亡，皮肤将变黑并失去知觉。受影响组织会形成黑色硬壳，严重时可能需要截肢以避免继发坏疽。

冻伤的预防

身处温度低于零度的环境30分钟内，就有可能出现冻伤。最初的麻木和刺痛感可能使人动作笨拙、僵硬。出现低温大风天气时，身体被冻伤的概率更高。如果能在轻度冻伤阶段及时处理，保暖复温，通常不会出现什么问题。不过只要得过冻伤，就有可能复发。冻伤还可能在数月或数年后导致关节炎。观察水疱颜色是判断冻伤严重程度的常用方法。如果水疱积液清澈，可能只是暂时性冻伤；如果水疱内充满血液，则可能导致长期性损伤。

气温较低或风寒指数较高时，尽量不要在室外停留超过10分钟。多穿几层衣物，但不要穿得过紧，以免影响血液循环。脚上穿两双袜子，上身穿保暖背心，再戴上一顶可以盖住耳朵的厚帽

气候和地形

子，并用围巾或巴拉克拉法帽护住整个面部。连指手套要比分指手套更好，因为手指聚拢可以产生更多热量，从而促进血液循环。

冻伤的治疗

一旦发生冻伤，你只有很短的时间阻止其进一步扩散。在轻度冻伤阶段，应立即进入温暖的场所或车内，脱去所有衣物，并用温水（千万不要用热水）轻敷受影响的皮肤组织。随后擦干，再用无菌绷带进行包扎，注意脚趾和手指要逐一分开包扎，避免因摩擦引发疼痛。幸运的话，你可以在一级冻伤阶段就前往诊所接受专业的医学治疗。最坏的情况是出现冻疮（凸起的红色肿块）。即使身体已经回暖，也不要在同一天内再次外出暴露在寒冷的环境中。如果身处郊外，无法立即返回城镇，你可以将受影响的皮肤浸泡在不超过40.5℃的水中，直至红肿软化。脚冻伤后切勿再受力行走，而应适当抬高受影响部位。可适量服用抗生素、消炎药和止痛药。最后，保证身体持续补充水分。

英国空军特种部队退役士兵雷纳夫·法因斯爵士被誉为当今世界最伟大的探险家之一，曾因手指严重冻伤而不得不中止了独行北极的探险计划。回到英国后，他因剧烈疼痛在工作室用圆锯自行切除了冻伤的手指。因此，切勿对冻伤掉以轻心！

极端寒冷

雪

　　无论是身处加拿大班夫的乳白天空下，还是在北极冰冻的雪地上行走，厚重的积雪都时刻提醒着我们大雪的真正含义和其下隐藏的致命危险，比如冰缝就是其中之一。但也不要忘记，许多因寒冷天气造成的事故就发生在家门口。我们容易自认为对周围环境了如指掌，自满情绪便胜过了常识和理智——认为自己绝不会陷入雪堆，也不存在打滑驶出路面的风险。

　　可一层雪落下，就能深刻改变原本的地貌。即便是平常非常熟悉的景观，一旦覆盖上雪，就很容易掩盖指引方向的关键路点。在雪天前往任何地方之前，都要先评估风险，哪怕只是去爬一座熟悉的山。山间早晨还只是覆着一层软塌塌的雪，到了傍晚时分随着太阳落山和气温降低，就可能变成一座注定使你滑倒的致命冰坡。如果未系安全绳从陡峭的山坡上滑落，那么一旦加速后就很难停下来。

　　尽量选择有明显标识的道路起点，这样不仅路面更稳固安全，迷路的可能性也更小。截至落笔时，在攀登美国加利福尼亚州的鲍尔迪山途中失踪已久的知名英国演员和资深登山者朱利安·山德斯疑似已遭雪崩死亡。根据圣贝纳迪诺县警局搜救队的说法，受强风天气影响，"雪变成了冰，使徒步旅行变得凶险万分"。山德斯登山经验丰富，此前已成功攀登了世界各地的多座奇险高峰。这恰恰说

气候和地形

明没有人能完全规避极寒天气下不可预测的风险。

你可以提前联系相关机构（如美国国家公园管理局或英国国民信托组织）或查看官方网站了解近期天气情况。提前熟悉徒步路线，并随身携带一份纸质路线图。出发前，最好告知他人你的确切目的地和预计返回时间。留下一张路线卡，以便失踪时协助搜救人员追寻你的踪迹。还有一点很重要，与他人结伴远足和登山永远都是更安全的选择。哪怕是为期一天的攀登或散步，也要确保提早出发，避免在黑暗中返程。为防意外，一定不要忘记提前制定应急方案。

生存案例研究：活下来——吃和不吃的生死抉择

1972年10月13日，乌拉圭"老基督徒"橄榄球队租用了一架飞机，携球员及其家人从首都蒙得维的亚出发，前往智利圣地亚哥参加一场表演赛。由于飞行途中遭遇恶劣天气，飞机不得不改道在阿根廷降落。然而谁也不曾想到，在厚重的云层中，飞行员犯下了致命的错误。由于飞行员误判了位置，以为已经飞越了群山，飞机不幸在安第斯山脉坠毁。一行45人中有12人当场丧生，随后一天内又有5人因重伤身亡。

食物储备只剩下最后的两块巧克力。在空难发生后的第10天，幸存者们找到了一台收音机，却从中得知救援行动已经终止，所有人都被认定为已经遇难死亡。面对绝境，他们拒绝放弃希望。可毕竟是受困于海拔4000多米的雪山，温度低至恐怖的零下35度，在这种情况下，幸存者们面临生存的终极选择：是等待死亡，还是做出突破人性底线的抉择。

每个人都饱受饥饿和营养不良的折磨，他们也意识到，周围散落的遇难者尸体是此时唯一的蛋白质来源。只有吃人，才能有力气走出雪山。由于一致认为飞行员对空难负有不可推卸的责任，他们决定先吃掉他的尸体。又因为没有点火工具，他们只能生食人肉。之后，其中两名球员南多·帕拉多和罗伯托·卡内萨将肉块装入橄榄球袜中，开始向西前行。当他们登上第一座山峰，以眺望和寻找逃生方向时，却发现自己被高耸的冰岩尖峰层层环绕。

罗伯托的生存策略是让自己不去看前方的山峰，只是专注脚下，这样可以集中精力一步步向前走，而非被眼前近乎不可能完成的艰巨任务吓到寸步难行。我将这称为"一步一行法"。罗伯托回忆道："我决定先迈出第一步，这也成为我此后生活中一直践行的原则。我不去关注遥远的山峰，而是关注离我最近的下一步。生活中有很多我确信不疑的事，但不迈出下一步，你永远不会知道自己能走多远。"

最终，他们走进了一座智利的山村，并被一位农民发现。

气候和地形

> 剩下的人员在坠机72天后被找到。罗伯托后来说道:"你必须随时准备应对生活中的'坠机'。生命给予了我们远超所需的馈赠,相比起来,我们的实际行动和真实能力却总显得不足。我们常常让生活变得很复杂,其实只要有水、食物和床铺,你就拥有了所需的一切。"
>
> 不要让自己沉溺于消极思维或者对眼下艰巨任务的忧虑中,试着将注意力拉回到眼前,运用一步一行法,通过在一定程度上控制自身行为赢回对当下局面的掌控。不要只盯着远方的目标,而多关注当前的行动,继续向前走,再时不时回头看看,提醒自己已经走过的路。人的大脑每天会产生7万~10万个想法,我们往往对潜意识的活动浑然不觉,因此很容易受到情绪的影响,从乐观转为悲观。

暴风雪

尽管全球变暖正在加速,但气象学家认为,在低温地区,暴风雪将更加普遍且形势严峻。暴风雪不只是一场雪暴,它可以持续超过3个小时,同时伴有时速达56千米的冰风,卷起大量雪花,使能见度变得极低。暴风雪最危险的地方在于它带来的低温。如果在开车途中遇到暴风雪,最好的办法是立即驶离公路,停在一个不会被其他车辆撞击的安全场所,然后用毯子裹住身体。当感到寒冷时，每隔1小时启动发动机和车内暖气10分钟进行取暖。为防一氧化碳中毒，应让其中一面车窗留出一定缝隙，保持新鲜空气流通。在做好准备等待暴风雪过去之前，请检查排气管是否被雪堵塞，并注意定时检查。

如果徒步时遇到暴风雪，应尽快寻找林木线，或在背风方向找到一处天然避难所。

乳白天空

乳白天空是一种降雪量极大以至于地平线消失，天地融为白茫茫的一片，能见度几乎为零的天气现象。虽然它不像暴风雪一样会带来冰冷的寒风，但在这种天气状况下步行、滑雪和开车同样可能造成致命的后果。

有一个父女结伴滑雪的故事让我记忆犹新。故事是这样的，小女孩在滑雪过程中摔了一跤，滑雪板掉进了雪沟里。正当父亲冒险爬进雪沟取回滑雪板时，乳白天空的景象突然降临。这时，这位父亲发现自己的处境非常危险：他站在沟壁上，周围都是深雪，下面可能藏着冰缝，女儿就在不远处哭泣颤抖。父亲没有头脑一热就爬出去抱住女儿，而是通过持续交谈的方式对她进行安抚，安慰她说这一切很快就会过去，并夸赞她待在原地不动的行为。半小时后，天空放晴，父亲取回了滑雪板，他们继续安全前

气候和地形

进。对抗自然徒劳无益，我们必须学会顺应。

生存案例研究：欧内斯特·沙克尔顿的南极往事

　　1914年，探险家欧内斯特·沙克尔顿与27位勇士一道，驾驶一艘名为"坚忍号"的探险船起航，此行的目标是成为首批徒步穿越南极大陆到达南极点的队伍。他们计划先在威德尔海设立基地，随后沙克尔顿和部分队员将启程穿越南极大陆，最后抵达南极点。

　　自南乔治亚岛出发，"坚忍号"一路乘风破浪，航行6周，穿越了1600千米的冰封海域。然而，就在距离目的地的航程仅一日之遥时，气温骤降，四周的浮冰迅速在船身周围聚拢，困住了整艘探险船。其中一名亲历者这样描述道，就仿佛是"一颗被紧紧压在巧克力中的杏仁"。

　　尽管筹备此次远征耗费了沙克尔顿巨大的精力，并且可能是他职业生涯中最后一次大探险，但时年40岁的"老板"（船员经常这样称呼他）依旧保持了非凡的冷静，一刻也未曾失去理智。他语气平和地告诉全体船员，未来将在冰封的海域内过冬，其间还要设法保护"坚忍号"不被周围的冰层撞得四分五裂。时间来到1915年2月底，此时气温到了零下20℃以下。为了生存，包括工具、《圣经》在内的一切非必需品都被扔进了海里，就连船上的小型犬和唯一一只猫也被忍痛枪杀了。

10月27日，随着探险船彻底失去了完好无损地逃出冰海的希望，沙克尔顿写下了这样一段话："在连续数月不间断的焦虑和高度紧张之后，在每当希望燃起，情况又转为黯淡之后……虽然我们即将被迫放弃已严重受损且再也无法修复的'坚忍号'，但我们每个人都还活着，健康地活着，不仅如此，我们还有完成眼下任务所需的补给与装备。现在的任务是带领每一位探险队员安全抵达陆地。对我而言，此时此刻的情感难以言表。"

尝试前往距离最近的保利特岛的行动计划很快就被放弃，因为"坚忍号"每天最多只能前进不到两千米。于是，他们只能借助浮冰的力量漂向远方，而沙克尔顿深知冰层有随时破裂的风险。这一担忧终于在1916年4月9日应验。在"坚忍号"因冰层破裂开始进水下沉后，沙克尔顿随即下达了释放救生艇的命令。在开阔的海域上，船员们饱受汹涌不止的冰浪折磨，许多人都经历了剧烈的晕船呕吐，其中一些人还患上了痢疾。他们划行了六天六夜，终于看到了约50千米外的克拉伦斯岛和大象岛。

然而，噩梦远未结束：脚下登陆的这块陆地几乎算是在南极等待救援最偏远的位置了。不但不会有船只经过这里，也不

气候和地形

会有人来到这里进行搜救。考虑到这一点,刚从颠簸的救生艇上下船不久,仅休养了9天的沙克尔顿,决定亲自带领几位船员一道出发,前往南乔治亚岛的一个捕鲸站寻求支援,而这个地方远在1300千米之外。前行路上,他们不得不顽强抵抗着海上的狂风巨浪,还要与救生艇进水下沉的持续威胁做斗争。当他们终于到达陆地时,却发现自己在洋流的影响下偏离了航线,来到了南乔治亚岛的另一侧。要想抵达目的地捕鲸站,还需克服一大障碍:横亘在面前的山脉和冰川。

当他们终于到达南乔治亚岛的斯特罗姆内斯港后,沙克尔顿一刻工夫也没耽误,立马就开始筹划前往大象岛的救援任务。遗憾的是这次尝试以失败告终,捕鲸船在到达马尔维纳斯群岛后因海冰而不得不掉转方向。第二次由乌拉圭政府提供的船只抵达距被困船员仅160千米处,却因为担心与"坚忍号"遭遇相同的命运,也不得不回转掉头。第三次行动同样因为恶劣的冰情而被迫放弃。

1916年8月30日,当孤立无助的受困船员不再对成功获救心怀希望时,第四艘船,即一艘名为"耶尔乔号"的蒸汽拖船,终于成功抵达了大象岛,并将他们安全救回。最后,探险队没有失去任何一名成员。

极端寒冷

冰

了解冰面

冰面的颜色可以表明它是坚固安全还是脆弱凶险。蓝色到透明的冰面最厚,因此适合行走。10厘米厚的冰可以承重一人,20厘米厚的冰可以承重多人,30厘米厚的冰则足以支撑一辆雪地摩托车。白色到不透明的冰面表明冰层较薄,是因为近期下过雪才呈现为这种颜色。灰色、黑色和泥状的冰面表示冰层正在融化,无论看起来多么厚实,都应当避开。

落入冰洞

虽然这是挪威极地特训的一部分,我也是出于自愿,但我永远也忘不了落入冰洞的经历。通过英国皇家海军陆战队特训后,我首先加入的是总部设在苏格兰阿布罗斯的第45突击队,这支队伍以擅长极地作战闻名。回想起来,那种前所未有的浸入冰水之中,身体几乎陷入休克的感觉恐怕一辈子也挥之不去。

作为在极地环境下作战的士兵,必须清楚知道携带全套装备和武器不慎落入冰洞时应采取的必要措施。同理,提前了解落入冰水时的身体反应也必不可少。你的身体会首先经历一种名为"躯干反射"或"哺乳动物潜水反射"的冷休克反应,这是一种无法自主控制的痉挛反应,会让人不由自主地大口吸气。也正是在

气候和地形

　　这个关键节点，不少人会因呛水过多而溺水，或因为受到强烈冲击而出现心脏骤停。这一阶段之后，你的心跳将会急剧加速，引发恐慌情绪。

　　此时你应集中精力保持冷静，放慢心跳，调整好呼吸。如果你不慎被水流卷入冰下，应尽力抓住经过的冰块。随后，留意水下的光线。阳光会透过落水的孔洞，那里的水面更加明亮，相比之下，冰层之下的水面则更昏暗。确定你要前进的方向，利用头顶的冰层将自己拉向光亮处。

　　事实上，一个人能在水下屏住呼吸的时长远超身体能感觉到的范围。你感受到的第一次反射性抽搐其实是身体在危险状态下发出的自然警告，好比汽车仪表盘上的油量警告灯，它提醒你车油即将耗尽，实际情况却并非如此。生产商设计这个提前警告标识是为了避免你因油量不足而被困荒郊野岭，而大多数汽车实际上自此还能行驶至少16千米。目前，在水下屏气的最长时间记录由一位50多岁的自由潜水员保持，接近25分钟！因此，考虑到一般人未经训练可以在水下屏气60～90秒，如果能在呕吐反射期间闭嘴不呼吸，你会发现自己体内其实还有很多氧气可以使用。当然，如果在水下出现恐慌，过于急切地想要游回冰面上，我们将无法控制呼吸和心率，而心跳加速会消耗更多的氧气。在呕吐反射发生的那一瞬间，应尽量压制恐慌情绪，保持嘴巴闭合，不要

极端寒冷

呼出任何气体。

身体在水中的失温速度是在空气中的240倍。一般人能在冰水中生存15～45分钟，具体时长取决于脂肪的隔热层厚度和身体强健程度。低温症会在3～5分钟内出现，因此在身体遭受严重伤害前的逃生时间非常有限。

来到落水冰洞处后，将双臂伸出水面，双腿用力向上蹬，直到躯干部分露出水面，然后用手臂力量将身体向上拉，注意不要向下按压冰面。一旦到达冰面，立即伸展四肢分散身体重量，然后沿着安全方向（落水前的行进方向）滚动离开冰面。

在回到能够承载身体重量的坚固冰面或坚实的地面上后，应立即脱下衣物，然后用干衣物或毯子将自己包裹起来，以提高身体核心体温。如果手边没有这些物品，可以在雪中滚动身体帮助吸收水分，然后尽量寻找避风和有遮蔽的地方。如若方便，可以保持一定的身体活动促进血液流向四肢，注意，应避免身体直接接触冰冷的冰层表面，应提前裹好双脚、身体和头部。生一把火，烘干湿衣服。

如何救助落入冰洞的人

虽然直接冲向冰洞边缘把人拉出来的想法很诱人，但你绝不会希望自己也落入冰水中。在求生本能的驱使下，溺水者会抓住

气候和地形

一切可以抓住的东西向上爬，其中也包括你。这也是为什么在许多类似事件中最终是两人而非一人死亡。向落入冰洞的人抛出一根树枝、一根杆子或者一条绳子，然后尽量用四肢爬行或腹部滑动前进以分散身体重量。如果投给对方的是绳子，需提前告知对方绳子应固定在腋下而不是腰间。拉绳时，你应该背朝下躺在冰面上，双脚在雪地上分开，然后用力向上拉。

极端高温

高温大体上可分为两类：干热和湿热。地中海地区是前者的典型，后者的特点是空气中有水分，让人感觉黏糊糊的。干热的极端地区是沙漠，而湿热的极端地区是丛林。如果非要在两者中选一个，我每次都必选丛林。

丛林是一个万物生长的自然环境。在这里，你可以拥有生存所需的一切：植物、动物、树木、建造庇护所和生火的原材料。如果寻找一番，还能发现充足的水源。相比之下，沙漠正如其名：一片荒凉之地。沙漠里几乎无物生存，只有最能适应极端环境的生物才能在这里繁衍生息。为其下个定义的话，沙漠就是一个动植物稀少，降水极少又蒸发极快的地方。

沙漠

在这里分享一个冷知识：世界上有1/6的人口生活在干旱的沙漠地区，而这些地区占地球陆地面积的1/4。因此，学会如何在沙漠中生存显得尤为重要。下面是一些具体建议。

生火

我想你一定心生疑问：如果要在炎热的沙漠环境下生存，我为什么还要生火？事实上，虽然白天能达到50℃的高温，但沙漠不仅擅长让你体验酷热干燥，等到夜晚可就是另一番感受了。特别是在春天，夜间温度甚至会降至零下。为保持温暖，你可以寻找松散的灌木或干燥的动物粪便作为燃料。而在白天，冒烟的火堆会形成一个有效的空中求救信号，这样搜救飞机可以快速找到你的位置。

补水

在40℃的高温下，一般人每小时会流失900毫升汗水。沙漠中强烈的阳光很快就会让你感到精疲力竭，若身体活动过多，还可能导致中暑。因此定期补充水分十分必要，注意应小口饮水而非大口狂饮。还有更好的做法，那就是为自己制订一个明确每小时饮水次数的计划。通过查看尿液颜色，你可以判断自己是否脱水，

气候和地形

以及目前是何种程度的脱水。颜色较浅则说明尚未脱水；颜色越深，脱水越严重。如果发现了水源，务必确保是流水，以免因饮用受污染的水而导致呕吐、腹泻。

虽然听上去可能有些与直觉相悖，但当水源紧缺时，吃东西反而是不明智的选择。因为吃得越多，就越是感到口渴。少量进食可以为身体补充能量，但鉴于人体在没有食物的情况下能比没有水存活更长的时间（即便是在温带气候下，缺水也仅能生存3天），应避免做出任何可能使自己更加口渴的行为。

建造庇护所或寻找阴凉处

我们实在无力抵抗沙漠环境的酷热，沙质地面更是让行走变得困难。沙漠中的自然活动主要发生在夜间，因此我们应当模仿野生动物的活动模式，在日间炎热时段好好休息。可以利用手头的装备或者周围环境中的天然材料建造庇护所，以尽可能地避免毒热的阳光。庇护所最好留有进出口，让微风透进来。不妨回想一下书中第二部分介绍的庇护所搭建技巧（参见第38—46页）。

沙漠也分多种类型，有的全是沙子，有的还有岩石、洞穴、沟壑和峡谷。就像你需要建造庇护所遮挡白日的阳光一样，夜间穿着多层衣物保持温暖同样必不可少。此外还要寻找一个小而封闭的空间维持体温，防止受冻。

保持头脑冷静

在任何情况下，保持沉着和冷静都至关重要，不要让内心的恐慌和大祸临头的想法占据大脑，导致你做出匆忙而盲目的决定，因为这大概率会是一个错误的决定。相反，应当专注于平稳呼吸，冷静思考自己的选择和优先处理事项。

- 尽可能快地找到水源，注意观察周围的动植物。可以尝试在干枯的河床中挖掘出一口水井。
- 专注于你对周围环境的了解。你能判断出北方在哪里，或者自己现在处在什么位置吗？最近的居民区有多远，在哪个方向？
- 保持积极的心态是关键：自我对话，自我鼓励，绝不放弃。
- 确定目前正朝着正确的方向前进后，给自己设定一些小目标。记住，要先找到北斗七星（参见第56—57页），然后寻找北极星，这样一来你就成功找到了北方。
- 不要只关注前面还有多远的路要走，专注于脚下的步伐。

保持身体凉爽

如果感觉身体热得像火一样，便很难做到在困境中保持头脑清醒冷静。确保头部有遮盖，最好戴上一顶宽檐帽，这样颈部也能保持凉爽。用宽松透气的面料覆盖头部、手臂和腿部，再系上

🗺️ 气候和地形

一条头巾把脸围起来。

避免在日间酷热的沙漠地面上直接躺或坐，这样会使你的体温急剧上升。相反，应该用至少2.5cm厚的物体隔开地面，帮助吸收地表热量。注意你的体温需要保持在38.6℃以下。

请参考第77—79页，回顾中暑的危险以及相应的预防措施。

标记足迹

如果在没有满月的夜晚穿越沙漠，你很可能会迷失方向。每一分体力都十分宝贵，需要尽可能避免浪费。通过堆小石堆的方法标记你的路线，这样哪怕迷路了也能找到回去的路。在军队里，我们管这种小石堆叫作"航点"，对找回正确路径至关重要。在我服役于特种部队期间，设定紧急会合点是任务规划中非常重要的一步。同时需要确保每个人都能记住环境中的关键航点，以便任务有变时顺利返回。没有比计划出现差池再加上迷路更糟糕的情况了，而这本可以通过提前简单地规划来避免。

有位好友曾和我分享过他邻居的故事。作为移民，她刚搬到伦敦时，对伦敦复杂的地铁路线图感到非常不适应，因此不管她去哪里都是步行。为了能在错综复杂的小巷中找到回家的路，她会在关键街道的转角处留下一小堆石子，就像撒下一串面包屑一样用于指引方向。

需警惕的动物

蛇类： 南棘蛇、响尾蛇、内陆太攀蛇、沙漠角蝰、锯鳞蝰、侧进蛇和珊瑚蛇是沙漠地区中常见的毒蛇，可能会对人类构成致命威胁或引起剧烈疼痛。蛇在通过感知地面的震动察觉到人类靠近后，一般会选择主动避开。然而，如果不慎触动它们藏身的石头，或走得离它们栖息的洞穴过近，将会有很大概率激发其攻击性。

如果不幸被蛇咬伤，应立即清洁伤口并尽量固定受伤部位。切勿使用止血带来阻止毒素扩散。尽量保持静止，以免毒素在体内迅速扩散。将受伤部位保持在与心脏同高或更低的位置，同样有助于延缓毒素传播。及时移除咬伤部位附近的紧身衣物和饰品，以减轻伤口肿胀。如果出现恶心、头晕、看到重影或呼吸困难等症状，需立即就医，这表明身体可能已经对毒素产生了严重反应。冷敷伤口可以减轻疼痛和肿胀。保持冷静可以降低心率，减缓毒素扩散。如果已将毒蛇杀死，应将其随身携带以便专业人员进行毒性鉴定。

蝎子： 全球共有约1500种蝎子，其中只有25种携带致命毒液。强烈的灼痛是被蝎子蜇伤后最常见的症状之一。严重的蜇伤可能使疼痛扩散到全身。需要注意的是，由于儿童和老人的免疫系统较弱，他们对蝎子蜇伤的反应可能更为严重。在极端情况下，

气候和地形

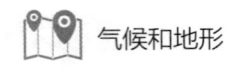

蜇伤可能导致受害者出现呼吸困难、吞咽困难以及活动受限等症状。被蝎子蜇伤后的生存概率受多种因素影响，包括蝎子的种类、蜇伤部位、症状严重程度和个人健康状况等。轻微症状的蜇伤可通过使用抗组胺药物或氢化可的松乳膏缓解炎症。若出现严重并发症，应立即求医。

丛林环境

从踏入湿热丛林的那一刻起，你的身体似乎就开始"腐烂"。穿越此类地形异常艰难，很容易迷失方向，被他人找到的概率也微乎其微。丛林不偏不倚地遵循着自然法则，也从来都占据着绝对上风。但与此同时，丛林为你提供了生存所需的一切资源。对每一种有毒的生物，丛林中几乎都有相应的解药，只要你知道去哪里寻找。这里是美洲豹、鳄鱼、花豹、蟒蛇和水蚺，以及各种蜘蛛和致命昆虫的栖息地。还有一些植物长着锋利的刺，能轻易刺穿衣物，扎入皮肤。高湿度和大量细菌的存在也意味着，即便是小小的割伤也可能带来迅速感染。然而，在令人胆寒的爬行动物和大型猫科动物之外，脱水、疾病和迷路才是你真正需要警惕的"敌人"。在丛林中，必须大量饮水，因为在这里的脱水速度更快。虽说找水不难，但确保饮水的洁净又是另外一回事了。饮用未经处理和净化的

丛林环境

水有染病的风险。丛林一向是登革热、黄热病和疟疾这类热带疾病的温床。可以通过将水煮沸或使用碘片来净化饮水，不妨适时回顾一下书中第二部分关于水的基本知识（参见第53—54页）。

丛林里充满生机，只要你有足够的食物、水和药物，在丛林中的生存时间势必比在沙漠更久。生活在婆罗洲和苏门答腊岛日渐稀少的雨林中的猩猩幼崽会和母亲相伴7年之久，学习植物的药用价值：哪些植物可食、哪些有助于治疗不同的疾病、哪些应当避免接触；哪些水果可食、哪些有毒，以及应该避开哪些生物。猩猩幼崽需要花费7年的时间学习这些知识，足以说明丛林中有多少事物可能对你构成威胁。然而，不同于贫瘠的沙漠，如果你知道该寻找什么，丛林便能给予你丰富的馈赠。

在特种部队的训练中，针对丛林环境的特训是我最喜爱的部分，尽管许多同事对此深恶痛绝。周围的空气如同隐形的藤蔓一般，令人窒息的湿气让人不停出汗，湿透的衣物紧贴身体；还有巨型水蛭会在午夜时分悄无声息地爬到你的胯部，吸食你的血液，甚至有时还会钻进你的嘴里。随着双脚在湿气影响下开始腐烂，很容易染上浸渍足。

人在丛林中睡觉时，总会有奇事发生。比如我听说有虫子钻入了熟睡士兵的额头并在那里产卵。几周后，士兵头上长出了疙瘩，切开一看，已经有上百只虫宝宝在里面寄宿许久了。还有一

气候和地形

则老掉牙的奇闻：一个男人在丛林里睡着了，醒来时发现自己的手臂有一大半被蟒蛇吞了进去，而蟒蛇还在持续发力，用胃酸奋力分解吞进去的手臂，再一步就能把男人的头也吞了。好吧，这些奇事也不全是无稽之谈。后面一则故事就是有真凭实据的。故事的主角是一名英国皇家海军陆战队士兵，他正在文莱婆罗洲的丛林接受训练。当时，救助他的人需要切开咬住他不放的蟒蛇，同时还要确保不会把他的手砍断。

丛林中的主要危险

- 热射病——慢慢来，不要急躁，避免过度劳累，务必节省体力。
- 脱水——持续补充水分。
- 蚊子——始终穿着透气材料制成的长袖衫和长裤，以防蚊虫叮咬。在丛林中，被蚊虫叮咬极易引发感染，如蚊子是登革热、疟疾和黄热病的主要传播媒介。请务必使用最强力的驱蚊剂，也可以涂抹桉树树液以防蚊虫。
- 带刺植物——注意保护眼睛，避免被刺伤。
- 河中石头——如果可能，应尽量避开，没有人想把腿摔折。
- 鳄鱼——遍布全球且大小不一，在游泳和取水时务必小心。
- 有毒植物——切记不要接触到它们，有些植物的孢子甚至都

丛林环境

是有害的。

丛林环境异常复杂，因此不应在视野受限的夜间活动，丛林的夜晚是用来休息的。面对丛林的种种挑战，睡眠不足会身体乏力，思维也难以集中，甚至可能造成致命的后果。为确保充分休息，晚上睡觉时应尽量换上干爽的衣物。丛林对人体的要求极高。我们原本不属于那里，心存恐惧也是情有可原。

奥利经历谈：丛林环境下的心理建设

测试一个士兵最好的方法就是看他在丛林中的表现。不少人通过重重选拔脱颖而出，但到了丛林生存阶段就开始栽跟头了。

丛林植被浓密，每一株植物，每一根树枝，每一股藤蔓似乎都在设法将你绊倒，到了夜间更是无法行动。因此，当夜幕降临，你需要扎好营地，搭好睡眠区，拉好吊床和头顶遮挡。大家轮流站岗，让剩下的人能安心休息。从进入丛林的那一刻起，你的身体就开始在潮湿中慢慢腐烂。6周过后，你身上的味道必定奇臭无比。实话说，氨气刺鼻的味道简直让人窒息。因此，睡前你需要脱下湿漉漉、臭烘烘的衣物，塞进袋子里，然后换上干爽的衣服。那一刻的舒适感，是一种前所未有的奢华享受。

气候和地形

> 但是问题在于,到了第二天一早,当太阳从地平线初次升起时,你必须赶紧收拾好一切,背上背包,手持武器,装备齐全,准备出发。黎明时分是最容易遭到敌人攻击的时刻。在一片漆黑中,你必须脱下珍爱的干净衣物,重新穿上昨天那套发臭的湿衣服。这种体验真是野蛮至极。如此日复一日,让人难以忍受的臭味始终相随。
>
> 我非常讨厌穿上这些冷湿的衣物,因此到后来我不得不改变每天自我暗示的内容。我不再用消极的方式看待这一日常,而是在穿上这些衣服时对自己说:"我爱这些阿玛尼。""这简直是有史以来最棒的牛仔裤。""我看起来真是太帅了,不错噢!"虽然我没有大声说出来,但脑海里充满了这些声音。正是这种方式让我硬挺了过来:我把它变成了一种全新的体验。这其实是一种思维上的转变。衣物依旧湿冷,但我在心理上改变了对它们的态度,这让我能不再只着眼于那些不便与不适的感觉。

丛林中的野兽

如果身处婆罗洲的丛林,要注意避免接近雄性猩猩,特别是群体中的雄性领袖。后者通常能通过脸颊上的肉垫来识别,它们因充满睾酮而比一般成年雄猩猩的更大。猩猩首领也因此更具攻击性，所以要避免直视它们，它们以免被视为挑战。雄性猩猩的力量是一般成年男性的5倍。

在丛林中，被蛇追赶的可能性极小。更可能发生的情况是不小心踩到蛇，而不是无缘无故地被它攻击。蟒蛇是世界上最长的蛇，虽然它们是擅长伺机而动的捕食者，但幸运的是人类并不是其常规猎物。遇见蟒蛇时不要惊慌，保持好距离，切勿尝试捕捉，因为它们会咬人。蟒蛇的牙齿向内弯曲，被咬后，应立即控制住蛇头，小心拔出，否则可能会撕裂皮肉。如果蟒蛇有意发动攻击，应使用砍刀瞄准其头部和眼睛。

眼镜王蛇是世界上已知现存最大的毒蛇，体长可达5米以上，毒液威力巨大，足以致大象于死地。眼镜王蛇能喷射毒液，射程更是超过1米，并且还会瞄准攻击目标的眼睛。但它们只有在被逼无奈时才会发起攻击。因此，遇到眼镜王蛇时，应慢慢地走远。

南美丛林中的绿水蚺是世界上已知现存最大的蛇，体重可达225千克，但并不具有毒性。被水蚺攻击时，应将手伸入其喉咙内拔开尖牙。如此，可以在避免造成进一步伤害的情况下将手抽出。同蟒蛇一样，水蚺的牙齿也是向后弯曲，会像钩子一样固定住猎物。如果被咬，可以慢慢打开蛇口，垂直拉出尖牙。如果被水蚺缠绕住腰部，应屏住呼吸，尝试戳它的眼睛或咬它的尾巴，以使其松绑。

气候和地形

生存案例研究：迷失丛林——约西·金斯贝格的故事

约西曾读过《巴比龙》的故事，这本昂利·沙里叶的自传式小说用动人的笔触详细记录了自己被误判有罪并被强制送往法属圭亚那服终身监禁的真实经历。主人公巴比龙的越狱决心令人震撼，其中穿越茂密丛林的大段描写更是令人印象深刻。结束在以色列海军的兵役后，约西立即前往南美，希望能亲身体会下这位伟大法国作家的经历，重走一遍他当年的丛林穿行之路。虽然当时沙里叶已经离世，但约西在旅途中结识了新的伙伴：一位瑞士教师和一位美国摄影师。三人一同前往了玻利维亚的首都拉巴斯，在这里，他们碰到了一位声称要进入亚马孙雨林寻找黄金的奥地利地质学家。约西·金斯贝格，这名充满浪漫情怀且幼稚天真的年轻人，急切地请求这位"地质学家"带领他们一起冒险，却未曾意识到此人实际上是一个毫无丛林生存知识的在逃罪犯。

一行人沿着亚马孙河上游前进。途中，瑞士教师马库斯·施塔姆患上了严重的浸渍足。为了生存，他们长途跋涉，以猎杀猴子为食。而施塔姆拒绝食用猴肉，体力日渐衰竭，加之足部病情加重，严重拖慢了行进速度。随着补给减少，自诩地质学家的逃犯和施塔姆决定放弃旅程，返回基地。约西与美国摄影师凯文·盖尔决定继续前行。他们制作了一艘木筏，希

丛林环境

望能深入丛林地带。不料在一段湍急的水域，木筏失控，凯文成功抵达岸边，约西却被急流冲走，半小时后才上岸。接下来的4天，约西在丛林中寻找失散的朋友，却不知凯文已经获救。与此同时，凯文极力说服各国大使馆和多位大使发起搜救行动寻找约西。在危机四伏的丛林环境中，约西尽力顽强生存。

他孤身一人，但不久后这份孤独就被打破了。一晚，一只美洲豹差点将他扑倒。约西借鉴电影《007之你死我活》中詹姆斯·邦德的经典一招，用打火机和打火机油生起一束巨大的火焰来吓退敌人，竟奇迹般地奏效了。谁说看"007电影"没有用，世界上最可怕的大型猫科动物之一都被吓跑了！之后，他在一场突如其来的洪水中差点丧命，又两次险些被沼泽吞没。

正当约西觉得自己再也无力前进时，一位沉默不语的神秘女子出现了。约西尽力照顾她，为她生火，还同她分享寥寥无几的浆果和鸟蛋。最后他发现，原来这位女子只是他的幻觉。或许，在内心深处，有某种力量在这般绝境中为他创造出了这位女子，好让他能从自身的困境中稍稍抽离出来。

尽管如此，约西仍饱受浸渍足的折磨。他极度营养不良，前额更是有蠕虫在上面挖洞。他不得不亲手割开额头，共取出

气候和地形

> 35条蠕虫。由于意识时有模糊，约西甚至让一群火蚁啃咬自己以保持清醒，痛苦的刺激让他从昏迷中挣扎醒来。不久后，他听到远方传来轰隆隆的马达声：原来好伙伴凯文终于说动了当地人员发起搜救行动。在他们看来，约西能在这片未知丛林中生存长达3周，简直是个奇迹。

如果在丛林中迷失方向

容易在丛林中迷路的原因在于其中的景观极为相似，再加上高耸的树木层层叠叠，挡住了阳光，使视线模糊，肉眼确实难辨方向。因此，在丛林中行走时，应始终坚持沿着已有的人类或动物的通行路线前进，同时避免进入草丛和灌木丛密集的区域。只有在绝对必要的情况下才能偏离路线，深入树丛。这时你需要使用砍刀为自己开辟道路，并以树木作为路标标记行进路线，从而避免原地打转，浪费宝贵的体力。在丛林中，穿越纠缠的藤蔓、树根和茂密的植被是一项异常艰巨的任务。除此之外，还有众多有毒植物稍有触碰便能释放毒素，以及那些容易造成轻微创口并迅速感染的带刺植物。用不了一会儿，持续的高温和湿热便会使你的思维混乱，让人产生错觉，以为丛林中的一切都在与自己作对，从而陷入极端偏执中。

首先，你需要停止漫无目的地行走，这样无疑是在消耗自己

丛林环境

宝贵的体能。回想一下我们在上一部分讨论过的呼吸技巧（参见第88—90页）。

平静下来之后，尝试回忆最后注意到的画面——可能是一棵倒下的树，一条越过的小溪，一个攀爬过的小山丘。如果记不起任何具体的物体，也可以试着回想太阳在天空中的位置。这些图像可以帮助我们重新找到来时的路线。记得利用树冠和山脊线作为参照，因为丛林中地面和植被的情况大同小异。

最后，检查地面，看看是否有你留下的脚印。觉得自己走错方向时，应立即设立路标，以便找到返回路线。路标可以是任何简单的标记，比如石子堆或系在树干上的木制十字架，但要确保是你能立刻识别出来的东西。

要确定一个方向可能很难，但一旦确定之后，就应该坚持走下去。如果光线开始变暗，最好停下来过夜。在热带地区，入夜非常迅速，几乎没有黄昏过渡。因此，搭建一个能保护你安全过夜的庇护所尤为重要。过夜所需的4件关键物品包括：

- 水——利用大叶子收集雨水，如果有条件，煮沸消毒后再饮用。竹子水也是一种很好的水源。避免饮用不流动的水，可以使用袜子过滤。
- 庇护所——保证身体干燥和人身安全。
- 食物——如果在水源附近，可以尝试用一段约两米长、末端

气候和地形

分叉的竹子捕鱼。应避免生食鱼肉,最好是将鱼清理干净后,先用叶子包裹,然后在用火堆加热的石头上慢烤。

- 武器——与捕鱼用的长矛类似,但要更短一些,用于近战。

你会惊讶地发现,在丛林中人的感官会迅速变得敏锐,你将听到以前分辨不出的声音,嗅觉也会更灵敏,几天之内你的夜视能力就会得到显著提升。美国特种部队称之为"紫色视觉"。战争时期,专门从事丛林战的士兵为适应在一片漆黑中行动,会尽量避免长时间暴露在日光下,以调节夜视能力。

自然灾害

自人类出现在这颗美丽的星球以来,自然灾害便成了我们日常生活中无法摆脱的一道阴影。古人对雷电、海啸、火山爆发和地震等自然力量充满恐惧。为此,他们为每一种自然元素创造了相关的神话和神祇,供奉与祈请神灵保佑。古希腊神话中,波塞冬统治着变幻莫测、残酷无情的海域,渔民在出海前都会向他祈求平安。同样,在东非马赛神话中,牧民会向传说中的黑神恩凯-纳罗克祈雨滋养草原,养活他们视为珍宝的牛群。

尽管我们现今拥有丰富的科学知识,却仍然无法与自然的威力抗衡。我们可以尽力做到的,就是了解自然灾害发生时应该如何正确应对。

洪水和风暴

当一个地区的水位迅猛上涨，超出了正常的泄洪能力，洪水便会发生。全球范围内的洪水事件发生率在过去10年增加了50%，每年因洪水丧生的人数超过了台风或海啸。其中，暴洪由于发生速度极快、破坏力极大，是所有洪水中最为危险的类型，它能迅速冲毁房屋建筑，夺走动物和人类的生命。

当周围水位急剧上升时，我们应立即寻找高地避险。无论是海啸、山洪还是台风导致的洪水，待在高处总是能更安全。

洪水的影响范围极广，破坏程度更是令人震惊。受洪水影响的地区因受损严重、满地废墟、疫病肆虐和水源污染，短期内将不再适宜人类居住。

如果在开车时遇到洪水

地方市政设置"注意积水"的交通标志是有原因的。绝大多数汽车在涉水深度超过数十厘米后就会熄火停转。除非你开的是一辆有较高底盘的四轮驱动越野车，否则涉水深度不应超过车轮高度的一半。一旦超过这个高度，水就可能通过排气管进入发动机。

气候和地形

如果在室内遇到洪水

随着建筑内水位的上升，应确保在前往更高楼层之前切断所有水、电和煤气供应。如果身边有沙袋并能堵住出入口以减缓洪水的流入，那就再好不过了。如果水位持续上升，你需要在上楼前尽快准备一个紧急逃生背包（参见第95—97页）。至少应该携带一些备用的保暖衣物，并用防水袋或扎紧的垃圾袋装好。带上尽可能多的饮用水，还有手电筒、电池、应急罐头、干粮、火柴、打火机、手机、充电宝，以及用密封防水容器装好的口哨。

如果洪水水位上升至屋顶高度，应及时搭建一个临时避雨棚。一定不要等到必须从屋顶跳入水中时再采取行动，应提前制作一个能让你和家人浮在水面的救生筏。如果你所在的地区经常发生洪水，不妨提前备好一艘充气橡皮艇，并在阁楼储备一个电动或手动的充气泵以备不时之需。

尽量不要接触洪水，保持自己的干燥和安全，因为洪水中可能隐藏着未知的危险。如果等到灾难发生，才发现应急救援人员可能无法及时到达，以及自己本该考虑一下居住区域可能面临的气象威胁，那就太晚了。不要完全依赖于应急救援，要拥有属于自己的应急计划和应急装备，这样才会让你夜晚睡得更安心。这也正是受害者与生存者的差别。

自然灾害

海啸

海啸指因海底地震或火山爆发产生的破坏性海浪，其速度迅猛，直冲最近的陆地。海啸的波高可达30米。2004年12月26日，苏门答腊岛附近海域发生9级地震，引发数道海啸，迅速横扫印度洋，波及包括印度、印度尼西亚、斯里兰卡、泰国和马尔代夫在内的多个沿岸国家。这场灾难造成约29万人丧生。

海啸的移动速度极快，可与喷气式飞机相媲美。海啸发生初期，海浪并不高，但宽度可达数百千米。在进入海岸浅水区，即将接近陆地时，海浪会猛然拔高，形成威力巨大的浪头。

如何在发生海啸时逃生

自2004年以来，海啸预警系统已经得到显著提升，如今，相关部门能在海啸到达之前发出预警。地震通常是海啸的前兆，如果你身处海岸线附近，应立即寻找高地避险，以免被海浪吞没。如果观察到海水突然后退，仿佛被某种神秘力量吸走，海平面逐渐消失，这很可能是海啸来临的信号，而非简单的潮汐变化。

海啸会带来超乎想象的巨大水量和大量漂浮物，即使是游泳高手也不会心存幻想安全穿越。海啸有时会伴随尖啸声，有时则异常寂静。如果在沙滩上听到这样的声音，并看到海水退去，露出裸露的沙地和礁石，那么你必须尽快向高地狂奔。离开沙滩时，

气候和地形

除了带上家人,不要花费时间携带任何物品。

通常,海啸不会只有一波,而是多波接连袭来,水位将会持续上升。因此,不要等待紧急救援部门发布警报,依靠直觉行动即可。要想躲避致命的巨浪,至少需要到达高出海平面30米以上的地方。如果不幸身处地势平坦的小岛,应寻找尽可能较高的建筑物避难。

生存案例研究:卡特里娜飓风

2005年8月,5级飓风卡特里娜以时速225千米的风速携7.5米高的波浪席卷美国东南部海岸,目标直指路易斯安那州首府新奥尔良。随着飓风的肆虐,卫生和电力设施首先中断,整个城市陷入黑暗。停电后,城市又依靠备用电源维持了8小时,但飓风带来的考验还远未结束。在当地居民殷切盼望电力恢复,坚守家中不愿撤离时,两座堤坝崩溃,洪水决堤而下,淹没了新奥尔良。街道变成运河,最终造成1800余人遇难。这场灾难对这座美国著名城市造成的重大破坏,以及成千上万人失去家园、被迫搬迁的悲惨经历,将永久铭刻于新奥尔良的历史上。令人不寒而栗的故事更是数不胜数:有人试图逃离灾难现场,却惨遭鳄鱼攻击。一些家庭急切奔向路易斯安那超级巨蛋体育馆,希望寻求庇护,结果发现自己掉进了犯罪活动滋生的温床，周围充斥着强奸和暴力，却无人管制。基础卫生设施的缺乏，富含细菌的洪水，再加上32度的高温，一场突发公共卫生事件由此诞生。整座城市有80%的面积被洪水淹没。

奇怪的是，多年来美国政府一直都清楚这类灾难发生的可能性——科学家预测像卡特里娜这样的强风暴直接袭击新奥尔良的概率约为10%——却从未对此做好充分准备。在卡特里娜飓风过后，随之而来的是社会秩序的崩溃和极度迟缓的政府行动。直到9月初，才有足够多的国民警卫队被动员起来，控制了抢劫和暴力事件，更不用说那些处境艰难的弱势群体，如残疾和年老的黑人被地方政府置之不顾的情况了。

火山

根据世界卫生组织的定义，火山是"地球地壳中的喷口，地下岩浆由此喷发"。全球约有1500座活火山，其活动直接影响着620万人的日常生活。而危险不仅来自火山口溢出的岩浆，有些火山还会向空中喷射有害气体、火山灰和飞石。伴随降水、降雪和融冰时，火山喷发还可能引发洪水、山体滑坡和泥石流。根据个人位置与喷发地点间距离的不同，火山灰会引发不同程度的呼吸道疾病，吸入有毒气体和烟雾也同样危险。酸雨会刺激眼睛和皮肤，落石还会带来烧伤或严重受伤的风险。

气候和地形

如何在火山喷发时逃生

　　幸运的是，大多数有人居住的火山区都设有早期预警系统，并且制订了火山喷发应急逃生计划。你可以试着获取一份危险区地图，上面会标明岩浆可能流经的路径和它们到达不同地点的预计所需时间。

　　如果你在火山喷发时靠近山顶，请迅速离开，同时避免前往山谷等低洼地带，那里是岩浆可能流经的地方。为防止肺部吸入空中飘落的火山灰，务必用布或口罩遮住口鼻，并佩戴护目镜。应尽快进入室内避难。火山喷发会释放致命的二氧化硫，必须不惜一切代价避免吸入有毒气体。如果闻到臭鸡蛋味，立即撤离。确保所有的窗户、门、烟囱、通风设备和空调系统都已关闭、密封或被遮挡。如果你不在岩浆流动路径上，那就待在原地，通过收音机关注当地政府的最新消息。如果是相反的情况，立即撤离并遵循当地政府指示是最佳的生存法则。

生存案例研究：火山意外喷发

　　怀特岛（又称法卡里）是一座位于新西兰东海岸48千米外的活火山岛。2019年12月，当地突如其来的火山喷发释放出一个巨型蘑菇云，将岩石和火山灰抛向空中，造成22名游客死亡。同年10月和11月，科学家们已经注意到从火山口喷

自然灾害

出的气体、蒸汽和泥浆达到了自2016年以来的最高水平。喷发前两周,怀特岛东北方向10千米处发生了一次5.9级地震,震感最远传到了近800千米外的克赖斯特彻奇。

但奇怪的是,尽管存在这些预警,当地旅游公司仍然继续提供前往火山的导游服务。12月9日,岛上共有47人。两次短暂的喷发后,全岛都被高达3600米的沸腾灰柱覆盖。最后仅有25人成功登上等待的观光船撤离,其中22人都遭到严重烧伤。

雪崩

雪崩是一种大量雪体崩塌滑动的现象。虽然坡度达到30度便具备了雪崩发生的条件,但雪崩通常发生在45度的斜坡上。雪崩的最高时速可达160千米。约有90%的雪崩都是由人为活动触发的,比如雪地摩托、滑雪和攀岩活动等。美国雪崩协会的数据显示,如果在雪崩发生后的15分钟内找到并救出受害者,其生存概率为93%。一旦超出这个时间范围,生存概率将显著下降。雪崩发生后45分钟,仅有约20%的受害者能幸存下来。因为雪崩停止后,雪块会很快沉积并硬化,就像水泥一样。受害者被困其中,便动弹不得。

北美每年会发生约10万次雪崩,造成约40人死亡。雪崩主要

气候和地形

有3种类型：

- 湿雪雪崩，因气温升高、新雪融化所致。
- 板状雪崩，发生在背风坡上的积雪处于不稳定状态时。
- 松雪雪崩，最初为板状雪崩，随着越来越多的粉雪积累，速度显著增加。

板状雪崩是导致人员伤亡最多的雪崩类型，这种死亡方式极其可怕。首先，你将与其他被雪崩吞没的物体，如岩石和树木，一同高速下滑，速度可达时速130千米。即使你在这一过程中顺利存活，也有极大可能因被雪埋压窒息死亡。想象一下，被数百吨迅速固结、如混凝土一般的雪包围是什么感受。人在这种情况下最多可以存活45分钟，之后便会由于缺氧（低氧水平会引起心跳加速、意识混乱和呼吸困难）和高碳酸血症（血液中二氧化碳含量过高而导致剧烈头痛）而生命垂危。

如何在发生雪崩时逃生

穿越积雪厚重的斜坡时，应沿着山脊行进或爬到位于可能的雪崩区域上方的高地。留意因上一次雪崩而被冲下山的树木和岩石堆积物，这些是危险的征兆。

提高生存机会的关键在于避开雪崩路径，或至少尽量移动到积雪较薄的一侧。尝试像面对海上激流一般"游"到雪崩的边缘。

自然灾害

如果不幸被卷入雪流之中，应调整姿势，让脚朝下，以减少头部与岩石和树木相撞的可能。万一撞击到硬物，脚受伤总比头受伤好些。

寻找可以紧紧抓住以固定身体的物体，比如一棵树。

被雪埋压时，为防止因吸入过量积雪而窒息，应用双手捂住口鼻，留出可供呼吸的空间。雪崩停止后，通过观察吐出口水落向的方法来确定上下方位，随后朝反方向挖掘逃生。

相关网站"Avalanche.org"是监测北美雪崩活动的宝贵在线资源。在雪崩多发区域，携带雪崩信标机（一种能够向搜救人员广播掩埋位置的设备）至关重要。

生存案例研究：幸运的生还者

2012年，滑雪场工作人员蕾哈娜·肖在奥地利滑雪时不慎与好友相撞继而触发雪崩，随后被卷入雪流，呼吸困难。幸运的是，雪崩在约150米处就很快止住了。肖在接受《卫报》采访时形容，当时感觉"就像被一块厚布盖住"，难以呼吸，周围全是紧实的雪。起初她以为自己在梦中，待意识清醒后才开始在恐慌中奋力尖叫。她感觉到手机就在身边振动，却无法移动双手。她想到了即将与妹妹一起度过的美好夏天，慢慢开始放弃了抵抗，想象自己在一片森林中平静地走向死亡。

📍 气候和地形

> 与此同时，朋友们正急切地寻找她。因为先前接受过相关培训，他们心里很清楚只有大约10分钟的黄金搜救期，否则只能见到她的遗体了。但由于肖没有佩戴雪崩信标，朋友们也没有铲子，大家只能凭感觉在雪中摸索。这时，一位朋友偶然碰到了她的腿。进行心肺复苏时，肖已停止了呼吸。她脸色苍白，嘴唇发蓝，正遭受着严重的低温症。好在一架直升机及时将她送往医院，最终肖得以幸存。

地震

地震震中位于地表下方，是地球构造板块积累的巨大能量释放的地方。如果将地球表面比作橙子的果皮，地下的活动就如同果肉在果皮下移动。地震能晃动建筑，甚至将其夷为平地，同时破坏燃气管线，引发火灾。余震能远距离传播，造成由土壤、岩石、水和建筑物碎片共同组成的巨大泥石流。如果震中靠近地表，造成的破坏还会更大。地震主要发生在以下3个区域：跨越大西洋的大洋中脊地震带；从欧亚大陆开始，穿过喜马拉雅山脉，延伸至苏门答腊岛和爪哇岛的欧亚地震带；沿太平洋边缘的环太平洋地震带。全球80%的地震及所有深层地震都发生在这些地方。

地震的强度通过里氏规模来衡量，数值范围是1到10。历史上已知最大规模的地震是发生在智利南部的瓦尔迪维亚大地震，里氏规模为9.5级。这次地震发生在海下，引发数次海啸，冲垮了海岸线，摧毁了大量建筑物，淹没了许多城镇和村庄。幸运的是，主震之前的前震已经让人们有所警觉，纷纷逃离住所奔向高地，挽救了不少生命。这次地震的余震最远甚至波及了菲律宾。

地震可分为以下4种。

构造地震： 发生在地表以下约1500米处，构造板块间的不断摩擦导致相互挤压，突然释放的地应力引发地震。绝大多数地震都是由这些构造板块边缘（断层线）的滑动造成的。

火山地震： 在火山爆发过程中，岩浆（熔岩与气体的混合物）在火山底部形成的压力导致岩石从火山口喷发，同时溢出熔岩。火山常见于断层线附近。

陷落地震： 陷落地震规模较小，通常发生在地下岩洞和矿井的顶部坍塌时。这种地震由主震产生的地震波引起，也可能由山体滑坡引发。

人工爆破地震： 采矿、水力压裂和核爆炸等人类活动可能引发这种类型的地震。地下钻孔中埋置的核装置会释放出巨量的核能。

地震发生时的应对措施

如果你在室内： 出现轻微的前震时，立即切断煤气、电和水。地震一旦开始，切勿在室内奔跑。此时已经无法安全外出，应寻

气候和地形

找坚固的物体躲藏起来，如床或书桌下。护住头部和身体，避免受到伤害。务必远离厨房，刀具和餐叉等锋利器具可能造成危险。可以靠着室内墙壁稳定身体。如果躲藏在某个物体下方，要用一只手紧紧握住它，以保证自己仍能移动，并用另一只手护住头部和身体。

如果你在户外： 建筑物可能因震动倒塌，身处附近危险系数极高。如果在户外，应尽快前往没有大树和建筑物的开阔地带，避免被倒塌物砸中。保持警觉，注意是否靠近电线杆或电缆。若在海边，需警惕地震可能引发的海啸，应立刻向高地或内陆转移。若在山区，需注意落石，暴雨排水管道可作为避难所。

如果你正在购物，应远离商店的玻璃窗，以及远离货架和可能掉落的重物，并寻找可用于保护自己的掩蔽物。如果你正在电梯内，要尽快离开，因为电梯有坠落的风险！

如果你在开车： 应缓慢驶向路边，避免阻塞交通。在车内待命，保持收音机开启，以接收紧急服务的指示。务必确保车辆没有停靠在桥梁下方。如果见到路边断裂或掉落的电线，切勿接近，留在车内等待。请注意可能发生的余震。

山火

山火是一种发生在自然区域内无法控制的猛烈火灾，有时会摧毁成千上万公顷的土地，并造成无数生命、家园、宠物、野生动物以及经济方面的损失。由3个要素构成的致命三角使山火的发生成为可能：点燃火焰的热源（例如闪电或未熄灭的营火）、维持燃烧的燃料（如枯木、草等植物），以及保持和扩展火势的氧气和风。由于全球变暖和气候变化的影响，潜在的高危区域变得更加干燥，因而更易发生火灾。与几十年前相比，现在的山火高发季延长了3个月。《新科学家》杂志指出："随着温室气体排放量的上升，干旱和高温天气增多。特别是在火灾高发季节延长的情况下，未来几年预计将有更多灾难性的山火发生。"

热浪已经成为现在的流行词。联合国预测，到2030年，山火发生的概率将增长14%。在美国，高达85%的森林火灾被认为是人为因素造成的，包括失控的垃圾焚烧、向干燥的植被丢弃烟头的行为、蓄意纵火，以及最大的元凶——未被妥善熄灭的营火。自然界中的闪电也会引发森林火灾。

2022年上半年，山火以前所未有的规模摧毁了大片土地。现在，灾情加剧的不仅是美国加利福尼亚州和澳大利亚的林地，德国、法国、西班牙、希腊、葡萄牙、意大利和克罗地亚等欧洲国家也面临前所未有的山火威胁，山火发生的次数是以往平均值的3倍。2019年年底至2020年发生在澳大利亚林区的火灾是现代历史上最严重的野生动物灾难之一，约有1.81亿只鸟、5100万只青蛙、

气候和地形

6.1万只考拉,以及近1.4亿只其他本土哺乳动物在火海中丧生,灾区面积相当于整个英格兰的陆地面积。

10年前,我目睹了发生在印度尼西亚婆罗洲丛林的泥炭地火灾,这场火灾使猩猩和许多其他稀有物种的种群数量锐减。火灾的直接原因是棕榈油产业的入侵,人们为了种植油棕而放火毁林。雨林是地球的碳储库,雨林燃烧释放的二氧化碳进入大气层,从而引发温室效应,导致全球气温上升。如今,山火的规模和频次不断增加,严重破坏生态系统,并对气候和地球上的生物健康产生重大影响。

山火发生时的应对措施

如果你在户外: 虽然说起来容易做起来难,但还是要努力保持冷静。要明白人是不可能跑过山火的:在风力的助推下,后者的速度可以媲美奔驰的骏马。如果你能闻到燃烧的气味,但尚未看到火焰或听到声响,请先暂停片刻,评估出最佳的逃生路线。在迅猛前进的火势之中,最不利的位置无疑是山上和下风方向了。如果能从远处观察到烟雾及其被吹向的方向,请向相反方向逃离。如果风向你迎面吹来,选择一个与风向垂直的方向快速避开火焰。

如果无法及时避开火势,你可以尝试用手机或地图查找附近是否有湖泊、池塘或河流,找一个能进入水中的地方。如果附近没有水源，你需要寻找其他的天然防火隔离带，如峡谷、洞穴或岩石间的空地。若火势紧逼并且你正位于火情路径上，尽量寻找植被稀少的区域（即燃料较少的地方）。接着，用湿布覆盖口鼻，身体尽量贴近地面以免吸入一氧化碳，用湿毛毯或土壤覆盖身体，待在那里直至火势过去。山火最致命的因素就是烟雾吸入。

如果你在家中：请立即呼叫紧急服务。如有条件，务必清除房屋周围所有的易燃物品，如堆放的柴火或可回收物。若房屋外有油罐，确保周围的灌木和杂草已被清理干净，避免火势蔓延至此。收集尽可能多的大型容器，装满水围成一圈作为防火屏障。

在室内时，应立即在水槽和浴缸中储备冷水，以防水源受限或彻底中断。关闭厨房和浴室的通风扇，切断室内供氧，从而削弱火势。关闭所有门窗，将窗帘取下。如果是在夜间，请将所有灯打开，以便救援人员快速定位。远离外墙和窗户，因为它们会在高温下破碎。保持房屋外墙完整可以减少氧气供应，减缓火势，因此不要试图打破它们来排烟。

如果你在开车：只有在能清楚辨认前方道路的情况下才可开车。务必关闭所有车窗，封闭所有通风口，低速行驶并开启前灯，确保其他车辆能看见你。如果烟雾使能见度低到无法继续驾驶，应在不会有树木倒塌的空旷处停车。火势逼近时，你可能想要弃车向相反方向逃跑，但请千万不要这样做，因为烟雾很快就会侵

气候和地形

入你的肺部，使你失去意识。即使车辆可能因为热气流而震动，温度急速升高，车内的温度仍然比室外低。你生存的机会在于留在车内。应尽量躺在车底，用毯子或大衣盖住身体，并用湿润的手帕或头巾紧贴口鼻，防止烟尘进入肺部。

创造防火隔离带： 在火焰到达之前，你如果能通过燃烧周围的可燃物质的方式提前耗尽山火的燃料，就有可能成功保护自己和同伴的生命安全。这个方法只适用于火势距离较远的情况。首先，你需要清理周围至少10米的区域作为防火隔离带。要记住，飘浮在空中，受风力推动的火星也可以点燃燃料。因此，确定防火隔离线后，务必烧毁包括树枝、落叶和长草等在内的所有易燃物，确保山火找不到继续蔓延的可燃物质，从而绕过你的所在位置。

龙卷风

龙卷风分为3种类型：多涡旋龙卷（同时出现两个及以上涡旋）、陆龙卷（发生在陆地上）和水龙卷（在海上形成）。龙卷风是如何形成的呢？热空气上升遇到雷云中下降的冷空气，两者相遇便可产生旋转的气流，这些气流会沿垂直方向伸展至地面，但仍与云层相连。这些强力漏斗状空气柱可持续10分钟至1小时，摧毁沿途的一切。其风速可达时速480千米，将牲畜像软糖一样抛掷于空中，轻易摧毁房屋和谷仓。历史上已知持续时间最长、最令人畏惧的龙卷风是1925年的三州龙卷风，因横跨美国中西部的密苏里州、伊利诺伊州和印第安纳州得名。它以惊人的速度移动，持续了3.5小时，行进了352千米。美国的龙卷风走廊是龙卷风频发的著名区域，这是一片广阔的区域，从得克萨斯州延伸至俄亥俄州，中间包括了爱荷华州、堪萨斯州、南达科他州、俄克拉何马州和内布拉斯加州。

如果你在户外：鉴于龙卷风通常在风暴云中形成，应警惕那些带绿色的雷云以及喷气式飞机似的轰鸣声（后者往往伴随漏斗云出现）。即便身处车内，也不代表彻底安全，应尽量开车寻找最近的建筑物躲避。遇到龙卷风时，应尝试以直角方向驾驶远离。如果一时无车可乘，也无处躲藏，应寻找最近的沟渠躺平身体，用手保护头部和面部，避免落下的碎片造成伤害。

如果你在室内：进入建筑物最低层无窗户的房间躲避。如果有地下室，请立即前往。躺在坚实的桌子或床垫下，用双臂保护面部。避免使用电梯，远离高层建筑和平顶建筑。在避难所内待命，密切关注当地新闻报道。即便认为龙卷风已经过去，也不要轻易外出，因为同一地区可能同时存在多个龙卷风活动。

第四部分

个人危机

丧亲之痛

悲伤是失去某样东西后的自然反应。失去健康、爱宠死亡、一段关系结束、退休以及亲人过世都会让我们感到悲伤。死亡是生命不可分割的一部分，正如太阳明天必将升起一样，我们每个人迟早都将面临死亡。

我们最初接触到的死亡往往是祖父母的离世，如果曾在部队服役，你可能在战场上亲眼见证过他人生命的消逝。或许，我们需要一种更良性的视角来看待生死，将死亡视为下一段旅途的起点，而非生命的终点。

亲人的离世会带来生活上的巨大冲击和情感的强烈波动。这些情绪包括难过、愤怒、内疚、困惑和抑郁。如果试图否认这些感受的存在，你的身心健康可能都会受到严重影响。悲伤是我们走出亲人离世阴霾的必经之路。眼泪是其中重要的一环，它本身就是帮助我们应对痛苦的内在生理机制。哭泣时身体会分泌特殊的生物化学物质，帮助我们在痛哭一场后心情舒畅。

经历痛苦时，我们能更深刻地了解自己。痛苦是生活的天然组成部分，也是情感愈合过程的一环。19世纪著名德国哲学家弗里德里希·尼采认为，唯有经历痛苦，才能真正了解自我；唯有经受痛苦和逆境，一个人才能获得智慧和内心的平静。悲伤和痛

个人危机

苦是你我生而为人的一部分，这些真实的情感赋予了生命存在的实质。生命中最悲痛的遭遇往往也提供了最宝贵的经验，帮助我们拥有强大的内心。尼采向世人倡导"Amor fati"的生活态度，意思是"爱你的命运"，接受生命带给你的一切欢乐、坎坷和痛苦。回顾生命中最痛苦难熬的时刻，它们反映出了你还有哪些不足？你从中领悟到了什么？这些经验如何帮助你应对将来可能发生的类似事件？这些时刻没能将你击垮，反而让你更加强大。

倘若我们刻意压抑创伤，它终将在未来的某个时刻卷土重来。我们需要正视痛苦，让它顺其自然地完成自己的使命。时间和眼泪总能让一切过去，但这件事情急不来。未来的某些日子里，你会接受事实并感到平静，但也可能重新陷入失落与悲伤。

心理学上将因亲人逝世等重大损失事件经历的悲伤分为5个阶段：

· 否认。

· 愤怒。

· 讨价还价。

· 沮丧。

· 接受。

前4种情绪的出现没有固定的先后顺序，唯有接受永远是最后的落点。当生活重归正轨时，虽然过去再也无法改变，但我们重拾了内心的平静。

常见的情绪表现

丧亲之痛有多种表现，而它们都是非常正常的反应。

- **震惊和否认**——就好像被人用大铁锤狠狠抡了一下，脚下的地毯突然被抽走，整个人都失去了支撑。大多数人最初都会经历否认和不愿相信的状态，要接受所爱之人已经离去的事实实在太过艰难。

- **内疚**——生活不会事事顺意，死亡又往往就在出人意料的刹那间。你可能会因为一些想说的话再也说不出口感到遗憾，或者为曾经说过的话感到后悔。又或许在亲人离世时，你反而感到了某种解脱，而你对自己这样的反应感到内疚。

- **难过**——空虚与绝望是最常见的两种表现，你可能会与其他人保持距离或经常以泪洗面。

- **恐惧**——如果离世的是生前为你提供安全感的父母或伴侣，他们的离去可能会让你感到不安和无助。

- **愤怒**——你可能会萌生被离世之人遗弃的感觉，或者对世界和身边的人产生愤怒的情绪。

个人危机

常见的生理反应

- 疲劳。
- 恶心。
- 体重上下浮动。
- 失眠。

消解丧亲之痛的方法

- 向信任的人倾诉。
- 写日记,记录下对逝者的思念和感激。
- 好好照顾自己:健康饮食,适量运动,寻求支持关系网络的帮助,不要畏惧向他人展示你的脆弱和低落。
- 加入由有着相似经历的人组成的互助小组。
- 用纪念物缅怀逝者,纪念你们之间的记忆,在他们喜爱的地方点烛光守夜或植树纪念。
- 如果悲伤情绪严重影响你的日常生活和人际关系,可以及时寻求心理治疗师或心理咨询师的帮助。
- 记住一点,悲伤没有固定的时间表,顺其自然。
- 保持忙碌。
- 不要让任何人左右你的想法和感觉。

成瘾之苦

根据加拿大精神病学家加博尔·马泰博士的说法，"凡是能让人获得一时满足或短暂释放，但事后会造成不良后果，使人明知如此，仍然不愿放弃或无法放弃的行为，就是成瘾行为。"人在成长过程中遭受的创伤越重，日后潜在的成瘾程度也就越深。成瘾是一种自我疗愈的方式，是为了找到脱离痛苦的方法的一次探索。大脑感知身体痛苦和精神痛苦的区域部分重叠。毒品、酒精等成瘾物不仅能带来心理层面的满足，也能缓解身体上的疼痛。这些东西之所以能对人脑起作用，是因为它们模仿了内啡肽这一人体自然分泌的化学物质。内啡肽负责调节肠道和免疫系统，带来镇痛效果，以及快乐、满足和奖赏的感觉。内啡肽还是一种爱情激素，能使两人彼此吸引，相互依恋与照顾，形成关系联结。

多巴胺是另一种大脑分泌的重要化学物质，这种激素会在寻找食物或性伴侣的过程中作为激励释放。多巴胺使人愉悦和亢奋，让人有活着的感觉。赌瘾、性瘾和购物上瘾都伴随着多巴胺分泌的显著增长。

科学家认为，大脑发育会受到环境影响。幼年时期的亲子关系质量对成年时期健康心态的养成至关重要。也就是说，在父母关系和谐、压力水平较低、氛围良好、积极回应的家庭环境中，

个人危机

子女成年后往往拥有更加健康稳定的性格。在这样的成长环境中，孩子能逐渐养成良好的自我调节、压力管理和情绪管理能力。

我们每个人内心都有一定程度的残缺，这种脆弱性也是人之为人的一部分。童年时期的经历塑造了我们成年后的性格。父亲离开后，我家的经济状况发生了翻天覆地的变化，几乎在一夜之间就从富有变为拮据。曾一度被视为寻常之物的金钱，变成了整个家庭担心与忧虑的源泉。这种阴影一直延续到了我成年之后。不管赚了多少钱，心里还是会觉得远远不够。这便是童年时期家庭经济支持的突然缺失对我产生的持续影响。

创伤的本质在于与真实的自我间离。这种体验也贯穿了我的成瘾生涯，其间我不断借助酒精试图治愈那些看不见摸不着的心灵创口。遭受暴力创伤后，皮肤会形成类似粗糙织物的瘢痕组织。这些瘢痕不能像正常皮肤一般伸展自如，十分僵硬而且没有痛感。心灵上的创伤和随之而来的感觉丧失也是如此。

如何克服成瘾

摆脱任何形式的上瘾都是长期性的过程，而充分利用相关资源和支持可以帮助你挺过一切。

·戒瘾的第一步是承认自己存在成瘾问题并且需要帮助。

·向咨询师、治疗师或成瘾专家寻求专业帮助，他们能为你提供个性化的治疗方案，并在过程中给予支持。
- 加入互助小组，比如匿名戒酒互助会，小组成员能完全理解你当下所经历的一切，并提供鼓励和支持。
- 换个环境。近朱者赤，近墨者黑，避开那些助长你成瘾行为的人，与那些能给予你关怀和支持的人为伍。
- 自我关怀。通过均衡饮食、定期运动和保证充足睡眠照顾好自己的身心健康。平时多参加能给你带来快乐和放松的有益活动，比如冥想、瑜伽和阅读。
- 制订一个戒断时间计划表，并告知朋友和家人，这样他们可以支持你完成目标。
- 认清那些触发成瘾的习惯、人和地点。对这些因素的认识越深，远离它们就越容易。比如压力就是成瘾行为的一大触发因素，你可以通过冥想、在自然中散步或芳香疗法等方式进行管理。
- 远离成瘾的对象。无论是想摆脱毒品、酒精还是关系成瘾，都应该在一开始就杜绝与那个人、物品、活动或场所的接触，让自己远离诱惑。随着时间的推移，你的内心更加强大，对诱惑的抵抗力也随之增强，直接接触这些因素时也不易受到影响。
- 对自己的行为全权负责。可以让治疗师、咨询师或一位信得

个人危机

过的朋友进行监督。
- 克服上瘾不是短跑冲刺，而是一场马拉松，需要做好戒瘾初期意志不坚定或一蹶不振的心理准备。对自己宽容一些，挫折也是这场旅程的一部分。
- 认知行为疗法是一种专注于识别和改变导致成瘾的想法和行为的治疗方法，也是一种针对各类成瘾问题十分有效的疗法。
- 对于存在焦虑或抑郁等心理健康问题的人群，正念疗法能提供很大帮助。情绪是由想法引起的，如果能控制这些想法，那么我们就能开始慢慢控制自己的内心世界。
- 写下你想要改变的理由，并想象自己克服成瘾后的美好生活，列出克服成瘾后可能拥有的积极事物，例如：一份理想的工作、更好的健康状况、更多的钱、更多与朋友和家人共度的时间、一种自由的感觉。

管理戒断症状

无论是物质上瘾还是行为上瘾，戒断症状都是克服成瘾过程中的难点。对于物质成瘾，生理性的戒断反应会让人百般不适。要知道，上瘾的根本机制在于暂时麻痹内心的空虚和残缺，试图掩盖内心的累累伤痕。因此，一旦停用这些提供自我安慰的物质，你会感到脆弱不安，这完全是人体自然的反应。对于烟瘾、性瘾、色情或毒品成瘾，最严重的戒断症状通常会在戒瘾的1～2周内消退。有备则无患，提前咨询医生或咨询师，了解在开始戒瘾的头几天可能出现的情况，并在戒瘾过程中寻求他们的帮助和支持。

成瘾行为的复发并非戒瘾失败的标志，而是戒瘾和康复过程的一部分。在尝试克服物质依赖的人群中，4～6成的人会在某个阶段出现复发。

目标金字塔

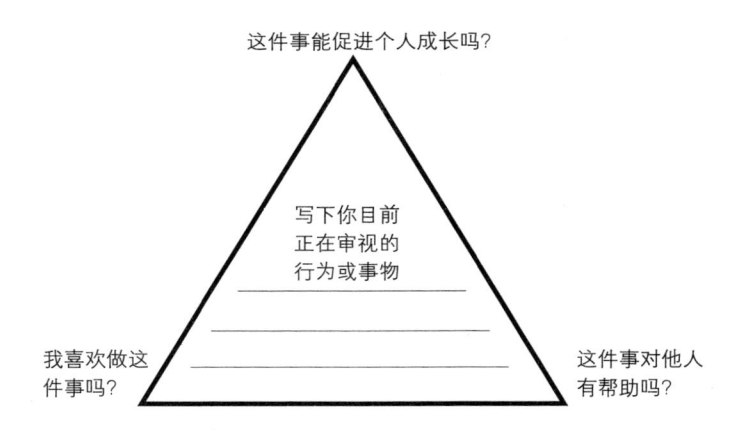

```
              这件事能促进个人成长吗？
                      /\
                     /  \
                    /    \
                   /写下你目前\
                  / 正在审视的 \
                 /  行为或事物   \
                /_____\
               /                  \
              /_____\
   我喜欢做这                          这件事对他人
   件事吗？                           有帮助吗？
```

目标金字塔是对生活中可能存在价值争议的事物进行价值评估的实用工具。首先，画出一个三角形，在顶点处写上"这件事能促进个人成长吗？"左下角写上"我喜欢做这件事吗？"右下

个人危机

角写上"这件事对他人有帮助吗？"然后，在三角形正中心写下"你目前正在审视的行为或事物"。对于依赖和成瘾，我们审视的是某种物质或习惯。不过，目标金字塔的适用范围不仅限于此，它还可以用于评估一份工作、一段人际关系或一个旅行计划。

按顺时针方向依次回答这3个问题。如果评估的事物是酒精，你会先问自己："酒精能促进个人成长吗？"对我而言，答案是坚决否定。酒精只会带来破坏和负面影响，是在浪费时间。下一个问题："酒精对他人有帮助吗？"显然，它对我和我的家人都没有益处。酒精让我展现出了最糟糕的一面：暴躁易怒、自我厌恶，这些都是非常不好的状态。最后一个问题："我喜欢酒精吗？"酗酒后的3天，我会深陷抑郁，脑子一片糨糊，我真的喜欢这样的状态吗？回答必然是不，我并不真的喜欢喝酒。

若上述3个问题中的两个都是肯定答案，该事物或行为就能保留在生活中；如果只有一个肯定答案，就应当予以抛弃。在戒断过程中，每当按捺不住内心的渴望时，请你坚持提醒自己目标金字塔的重要性。

失业之困

失去工作会严重打击一个人的自尊自信，对那些多年来从事一份工作的人来说更是如此。此外，失业还会引发恐慌，经济来源的中断会让人急于寻找各种方法来覆盖生活开支，包括房租、房贷、车贷、旅行预算、每周购物和出行的开销等。这时，你可能会突然意识到自己曾有许多不必要的消费，也会意识到自己有多少必不可少的日常开销。努力想办法支付各类账单和维持家庭生计时，大脑在飞速运转。

我们中可能有一些人设立了应急基金，简单来说就是一笔专门用于应对这类紧急情况的资金。金额可能是一两万，帮助我们在生病或失业时挺过几个月的时间，也可能是将最近几年的年终奖存了起来。应急基金就像一张安全网，在我们重新振作和寻找新工作的过程中提供经济缓冲。如果你没有做好准备，或收入不高，每个月存不下钱，却突然间失去了工作，又该怎么办呢？首先，不要有羞耻感，生活本就不易，这是客观事实。恐慌只会让你陷入更深的抑郁和焦虑，继而深陷一事无成的困境。深呼吸让身体冷静下来，回想一下自己曾经面对和战胜的重重困难。你也可以把失业当作乌云背后的一线希望，它代表了全新的机会和成长的可能。告诉自己，事情发生总有原因，并且在长期变化的过程中，总会有好结果。

个人危机

制订财务计划

首先,列出你的所有债务和开销,这样就能清楚地知道账户资金去向。然后,逐一审视这些开销,去掉非必要的花销,只保留下必要开销。接下来,看看这些必要开销是否还有进一步压缩的空间,比如选择去更平价的超市购物,换一家更便宜的电力和燃气供应公司。这样一来,你就能对自己的财务状况进行透明务实的审核,进而有望在一定程度上缓解经济压力。

努力创造机会

到这一步,就需要考虑一些短期选择来帮助你渡过难关了。银行等金融机构都十分乐于在你有定期收入时(你不怎么需要的时候)提供更大的透支额度。一旦你遇到经济上的困境,他们反而不愿意给予帮助了。与其考虑可能加深经济压力的有息贷款,不如选择向愿意为你提供无息资助的家庭成员求助,这样可以让你在寻找新工作的头几个月保持一定的经济自由。

不要自怨自艾。现在的首要任务应该是找一份工作。注意力会引导情绪和结果,通过投递简历、拓展人脉和保持忙碌这些积极行动,不仅能向大脑传递自尊自爱的信号,而且能将你推向潜在雇主的视线范围。关注身心健康非常关键。确保自己饮食健康,选择能提供持久能量而非短暂满足的食物。保证充足的睡眠。如果发现自己因为担忧在凌晨3点醒来，可以在每晚睡前写下那些让你烦恼的事情，并在心里思考可能的解决方案。这样一来，它们就不会在你想要放松身心好好休息时打扰你了。不要因为失业而过度沮丧，保持乐观向前看。不要把自己当超人，硬挺着独自承担一切，向爱人、家人和朋友倾诉，让他们帮助你共同渡过难关。

把当前的失业状况看作一个寻找理想工作的机会。被解雇或裁员的人常常会觉得自己是失败者，没能做好上一份工作。不要被这种感觉定义，你应该关注的是那些有利于自己职业前景的事情。

一定不要急于接受第一个出现的机会，或继续重复自己上一份工作的内容。专注思考自己真正想要的职业生涯，以此来确定最适合你的工作。这份工作是什么样的？试着赋予它一些形态：想象办公室的样子，你会做的事情，你将如何做出自己的独特贡献。

领英一类的社交媒体网站是拓展人脉的上好工具，可以帮助你提升个人形象并与潜在雇主建立联系。多多关注你感兴趣公司的官网，了解其最新消息和商业进展，这样在写求职邮件时可以适当引用，不至于无话可说。提升你的网络可见度。每周制定目标路线图，明确自己在一个工作周结束时希望实现的进展。列出任务清单，更新简历，设定每天期望发送的求职邮件数量。保持

个人危机

和职业人脉的联系。考虑进行技能提升，或学习一项新技能。对下一份工作的到来充满期待。

生存案例研究：滚石不生苔

　　我认识一位年薪近千万的CEO，也经历过失业。他每个月的开支相当庞大。失业后的一周，他很快找到了一份超市理货员和一份咖啡师的工作。他非常清楚，如果只是坐在家里等电话，自己将陷入抑郁、自我厌恶和恐慌的深渊，最后一事无成。为了保持良好的心态，他需要保持身体的忙碌和头脑的清醒。临时工作的收入仅够支持基本生活，虽然提前准备了应急基金，但还是不足以覆盖家庭支出。没办法，他只能进一步缩减开支，让一个孩子转出昂贵的私立寄宿学校，以维持家庭资金的账面平衡。最后，他成功找到了新的CEO工作。但这个故事的重点在于，主人公根据自己失业后的经济状况及时裁减开支，没有背上新的债务，通过保持忙碌的方式避免自己陷入抑郁，最终找到了新工作。

第五部分

外部威胁

物理攻击

2020—2021年，英格兰和威尔士发生了235起涉及刀具或其他锋利器具的谋杀案，警方报告的涉刀犯罪超过4万起，打击犯罪的措施未能有效改善这一局面。不少涉案的持刀者和受害者都是青少年。这和帮派文化脱不了干系，其中强烈的自尊心和急躁的脾气让矛盾迅速升级。由于财政削减，英国街头现在少了2万名警察，社会工作者也面临短缺，无法向问题少年提供指导，告诉他们持刀并不能解决问题。

面对危险时，我们的瞳孔会放大，专注于构成威胁的事物；同时心跳和呼吸频率增加，以便逃跑、战斗或躲藏；血糖被释放到血液中，为细胞提供额外的能量；血液流向四肢，而非内脏，以便我们能迅速做出反应；肾上腺素和皮质醇涌向肌肉，帮助我们抵御敌人；血液从负责理性思考的前脑转向负责本能反应的后脑，思考的能力降低，我们更多地依赖本能来应对眼前的威胁。一般情况下，前脑可以同时处理5～9比特的信息量，但在压力情况下，这个数值会减少到1～2比特。这也是为什么在这类情况下，你越尝试思考，越容易感到紧张和混乱。建立良好的呼吸模式，减少皮质醇的过度激活，让思维更清晰，而非更混乱，这一点至关重要。

外部威胁

我非常清楚地记得在一次护送行动中，我在护送政要前往该国首都的高速公路上遇袭。当明显感觉到后方的车辆并非善类，我方突遇民兵伏击时，我吓坏了！和当时的恐惧相比，之前经历过的恐惧都不在一个量级。除了幼时被黑猩猩攻击的经历，这是我人生中第一次感到如此无助：周围没有任何支援，更别提经过严格训练、装备精良的团队了。当时只有我和副手，眼前是满载民兵的两辆车。

事情发生得很快，我的内心充满了负面的心理暗示，开始担心所有可能出错的情况，毕竟先前有过路边斩首的相关情报。我为自己负责的前方3辆车内12名人员的安危感到恐慌，他们的人身安全都寄托在我身上。然而，当听到多把AK47开火以示恐吓时，我内心中的某种东西突然被点燃了。先前接受的训练开始发挥作用，之后的一切都是本能反应。我意识到，现在必须做的是放下所有无法控制的事物，忽略我对护送人员的担忧，不去考虑可能出错的情况。我需要做的是直面迫在眉睫的威胁——身后的车辆。

我像是许久未呼吸般急促喘息，随即感到头脑清晰。那一刻，我下令开火，同时猛地驾车切换到另一条车道。他们果然上钩了，移到了我左侧的位置。于是我盯着对方AK47的枪口，左臂举起MP5冲锋枪，对着敌车开启一顿自动射击。敌车撞上了路中央的

物理攻击

隔离带，冒出滚滚浓烟，我们趁机加速返回基地。

如果没能控制住自己的情绪，我相信自己现在不会有机会写下这些文字。要明白，在所有威胁生命或人身安全的情形下，你的内心就是你最强大的武器。

面对持刀威胁时，本能很可能占据上风，从而出现以下3种反应。其一，大脑在极度恐慌中选择"逃跑"模式，给予你逃离现场所需的肾上腺素支持。其二，本能告诉你，唯一的生存之道是赢得"战斗"。这时大脑会释放睾酮，使你更加强壮无畏，但如果不擅长解除持刀者的武装，最后可能适得其反。其三，出现"冻结"状态，即你因过度恐慌（由皮质醇过量刺激导致）而站立不动。

这些反应都无助于解决问题，只会使情况进一步恶化。你真正需要做的是努力保持冷静，深呼吸，用鼻子吸气，嘴巴呼气，这样做有助于稳定情绪，避免声音颤抖。在这种完全超出舒适区的情况下，你的双手很可能也会出现颤抖。

恶棍之所以能胜过体格更强壮的人，往往是因为他们丧失了对受伤或伤害他人的恐惧。好在99%的人类都本能地回避战斗，不然我们或许就会互相残杀，所剩无几。好事的混混、流氓、暴徒（不管作何称呼）已经对打斗习以为常。对他们而言，受伤或伤害他人的后果早已无法构成威胁。他们不会像大多数人一样在

外部威胁

战斗前有双腿发软和胃里翻江倒海的感觉，因此不会在冲突中选择退缩。或许是因为此前多次从战斗中幸存的经历，他们的身体已经不再产生皮质醇警告了。

举个例子，快速游绳或高空索降（仅凭一根绳索跳出直升机速降和着陆的技巧）非常惊险。当地面以每秒2.5米的速度向你逼近时，生命仿佛在眼前一闪而过，绳索就在你戴着手套的指间呼啸不止。你的手将充当刹车，在靠近地面时开始减速；而你绝不希望自己成为"空中的活靶子"，如同狙击手的囊中之物一般悬在半空中。对身体来说，这一迅速而激烈的动作是极其违反常理，甚至可以说是疯狂的行为，因此人会不自觉陷入极度恐惧。但是，每次成功的降落都会逐渐减少本能的恐惧，直到它最后彻底消失。在黑夜中索降，准确降落在海上的移动目标上也是可能的，这正是我在特种舟艇中队时的专长。

再举个例子，练习拳击对打的初期，面部和头部受击的经历可能让你不知所措，因为身体还不知道该如何应对，它不想伤害他人。这时一些人的眼眶可能会充满泪水，而这并非因为悲伤。只有不断突破心理障碍，拳击新手才能开始发起攻击，并在战斗中成长。

简而言之，如果你没有学习自卫、拳击或武术等的经历，那么在遭遇突如其来的攻击时，由于它与之前的经历都太过不同，

物理攻击

保持冷静几乎是不可能的。只有当你清楚自己在做什么并能自我控制时，才能放慢飞快的思绪，冷静思考，掌控局面。如果你对自己的反击有足够的自信，这种自信也会从你的身体语言中体现出来。从纯粹的生物本能层面讲，如果你表现冷静，自信应对，目光坚定，那么不法之徒可能会因此退缩。

主动出击，把握先机

我有一位曾是旅行作家的朋友，常在偏远地区工作。一天晚上，在柬埔寨南部的一片沙滩上，他背着沉重的背包缓步前行，朝着远处的灯光（当晚将要留宿的宾馆）行进。他不知道的是，奥特斯海滩因针对单独旅行者的夜间枪击和抢劫事件臭名昭著。就在前一周，还有人在那里丧命。

在逼仄的巴士上度过了长达8小时的颠簸旅程后，他虽已疲惫不堪，但仍然保持清醒，警惕前行。突然，他感到不自在，环顾四周寻找原因。他注意到身后的黑暗中有两道人影。每次回头查看，那两人似乎都更近了几步。最终，他能分辨出那是两个年轻人的面孔。他们要么是在玩"狼先生，现在几点了"的儿童游戏，投入到都忘了告诉他这位狼先生；要么就是想靠近抢劫。

他回头看了一眼刚才经过的一家海滨酒店，认为那里可能是两个年轻人首次注意到他的地方，随后又望向前方：目的地还很

外部威胁

远，一时间也跑不过去。很快对方就会采取行动，亮出武器。他不希望走到那一步，于是做出了一个出人意料的举动。他放下背包，挺胸收腹，让自己看起来更加威武，接着尽可能平静地走到对方面前，用手电筒直射他们的脸，同时保持微笑，与对方对视。他就这样站了几秒，对方被吓住了，转身消失在夜色中。在这一过程中没有任何打斗，他只是展现出了自己的信心，即使这种信心是装出来的。他并没有大喊或动手，只是把握了先机，出乎对方意料，并展现出了自信和力量。之后，他长舒了一口气，继续朝目的地走去。

面对持刀的攻击者

面对持刀的攻击者，你可以通过向其保证你不会轻举妄动，只听凭他们发落来缓和紧张局势。如果对方想要的是钱，可以告诉他们你愿意交钱。避免任何突然的动作，保持平静。深呼吸，并保持眼神接触。在一只准备扑击的美洲狮面前，你不会移开视线。因为它正在判断是否要与你战斗，而任何表明弱点的迹象，如眼神闪躲或身体转动，都会让它觉得你在害怕，从而发动攻击。同理，面对持刀者时也不应低头。他们往往会夸大威胁，大多数情况下不会真的发起攻击，但其攻击本能可能会因为对方的弱点而被激发。因此，即使是伪装，也要尽量展现出自信的身体语言。

深吸一口气，保持几秒后再吐气，挺直肩膀，要对自己有信心。

社会心理学家埃米·卡迪的研究表明，采取积极的直立姿势，双腿与肩同宽，会对大脑产生显著影响。实验中，一半的参与者被要求保持弱势的身体姿态，如耸肩、蜷缩身体坐下。另一半参与者则被要求保持强势的身体姿态，例如像蝙蝠侠那样双手叉腰，两脚与肩同宽，昂首挺胸，目光炯炯，或站立时双手举起，仿佛获胜一般。全体受试者需保持相应姿势两分钟。

之后，每名受试者都参与了一场工作面试。面试官对参与者之前的状态一无所知，仅根据面试中的表现做出评判。结果显示，那些先前保持积极身体姿态的人被认为是坦诚、可靠、积极、充满活力和具有雇用价值的，保持弱势身体语言的人则被认为无法信赖、犹豫不决、缺乏活力和自信。

卡迪在参与者保持特定姿势两分钟前后分别进行了唾液样本检测，用数据进一步支持了她的发现。结果表明，那些保持弱势姿势的人产生了更多的皮质醇，即与逃避和恐惧相关的压力激素，比实验前多出19%，睾酮水平则下降了25%。相反，那些保持强势姿势的人皮质醇减少了25%，睾酮增加了19%。这也解释了为什么前面提到的那位朋友仅通过阔步向前、挺胸收腹，就让潜在的攻击者感到威胁。

大脑无法区分身体的伪装。过量的睾酮会导致暴怒（极端且

外部威胁

不受控制的愤怒），使人在战斗和逃跑之间坚定选择前者。而适量的睾酮水平不仅可以向他人展示出你的力量，还能让你在身体和心理上都树立信心。自信的人拥有内在的力量和自洽，能成为人们在困境中渴望并肩作战的理想伙伴。他们会在他人遇到困难时挺身而出，必要时担起领导责任，展现出自信与勇敢。对此，恶霸和暴徒都会对之回避，保持警惕。如果细心观察，你会发现身边就有这样的人。无论在世界的哪个角落，他们好像都能自如应对。一个自信的微笑，往往会有意想不到的效果。

评估攻击者

攻击你的人可能是毒虫、酒鬼、宗教极端分子、帮派成员、有严重心理问题的人、混混或无聊到想害人的变态。在评估过程中，你需要思考是有机会和平离开，还是需要为了保命与之一战。如果他们想要你的手表，那就交出来：一个花哨的手表真的值得你的肺部或肾脏被刺穿吗？心理健康在许多国家都是一个重大问题，有些在街上游荡的人可能待在一个有人看管的环境中会更好，这些人是无法用理性沟通的；还有政治或宗教原教旨主义者，他们随时准备为自己的极端信仰而死。

如果试图安抚攻击者的计划失败，需要逃跑，那也只有在你熟悉地形和知道要跑去哪里时才可行。同时还要考虑你的体能状

物理攻击

态。如果这一选项行不通，你将不得不为生命而战。以下是一些建议。

喉咙：用掌后跟击打攻击者的喉咙，注意要一气呵成。对喉结的一记重击会让他们无法呼吸，并为你赢得一些逃跑时间。

裆部：用膝盖撞击男性攻击者的裆部，需要距离较近才能做到这一点。下一招更绝：距离刀足够远时，用小腿踢他们的睾丸。不要手软，尽你所能地踢。如果对方在弯腰或双手抱头时将刀掉落，捡起来，尽量扔远一点，然后逃跑。

头槌：只有在对方的脸正对你时才适用，用坚硬的额头给他们一个惊喜的头槌，猛砸在攻击者的鼻子上。

鼻子：手掌张开，用掌后跟向上推击攻击者的鼻子，目标是打中鼻中隔，也就是鼻孔之间的一块骨头。

眼睛：如果攻击者不是想抢劫而是要杀死你，尝试用一只手抓住他们的手腕，用另一只手的两根手指戳他们的眼睛。往前推挤眼球，做好鲜血大量溅出的准备。

找一件武器保护自己

可直接从环境中获取以保护自己的物件可能不多。密切关注攻击者的同时，扫视周围环境，寻找石头、铅管或木板。让对方先发动攻击，在其向你挥刀时向后退，随后用尽全力击打他们持

外部威胁

刀的手腕或头部。

还有一个重要提示：无论攻击者是动物还是持刀的疯子，都应脱下你的夹克，把它缠绕在手臂上，以便在你发动攻击时抵御对方的利齿或重击。

来自霸凌者的攻击

恶霸通常不会单独行动，他们会带一群小弟彰显自己的地位，然后挑选一些看起来比自己弱小的人作为攻击目标。恶霸的心理动机往往源于曾经受到的创伤。正如受虐者有时会转变成施虐者一样，被欺负的人也可能成为新的欺凌者。他们内心的某些部分受到了伤害，只有通过对别人施加类似的行为才能缓解自己的痛苦。

面对恶霸，如果发现自己无路可退，最好的应对策略就是迎头还击，并且要打得他们永远不敢来骚扰你。如果被恶霸的手下团团围住，与恶霸面对面，你需要深呼吸，然后做出出乎意料的反击。快脚猛踢其胯部，当对方弯腰时，转身用肘部猛击其鼻子。当对方倒下时，再用拳头猛击其脖子后部——记得拇指要放在拳头外侧。

一个普遍的经验是，如果你能打败最强敌，比如《贝奥武夫》中残忍的格伦德尔或《圣经》里凶猛的歌利亚，他们的手下通常

物理攻击

会停止攻击，并允许你离开。

恶霸能嗅到恐惧，就像鲨鱼能嗅到水中的血腥味一样。记住，无论你与恶霸之间发生了什么，无论他们在众人面前如何羞辱你，贬低你的自信，甚至夺走你最后的尊严，你都可以随时改变这种局面。重要的是，在此刻选择反抗。霸凌者擅于察觉他人的弱点。如果采用的是心理霸凌，他们会在一段时间内使用一种比直接的肢体攻击更隐蔽的攻击方式，却更难以应对。

对于肢体霸凌者，你必须拼尽全力反击，成败在此一举，否则被霸凌的经历永远不会离去。无论过了多少年，无论距离有多远，实施霸凌的那个人似乎都会对你造成难以磨灭的影响。因此，要愤怒，要怒不可遏，让他们也尝尝拳头的滋味，即使这意味着你要付出所有，但这一刻将成为你生命中的转折点。对于心理霸凌者，可以以其人之道还治其人之身：偷偷录下他们对你的恶意攻击，然后将录音播放给老师、上司或朋友这样的人听，享受这完美的一击吧！

极端路怒

根据美国枪支管制倡导组织"为每个城镇带来枪支安全"（Everytown for Gun Safety）在2021年进行的一项调查显示，700起路怒事件中，约有500人被子弹击中并造成伤亡。路怒是一个普遍

外部威胁

存在的全球性问题，涵盖了从紧贴车尾的尾随行为到驾驶员下车试图侵入对方车内实施伤害的各种情况。面对对你怒目而视的人，最佳做法是不予理会。避免与其对视，保持冷静，留在车内，锁好车门。因为一旦有所回应，就可能使事态进一步升级。处于暴怒状态下的挑事者期待你以同样的愤怒做出回应，从而挑起矛盾。

为避免路怒事件发生，尽可能不要激怒其他司机，被其挑衅时应尽量保持冷静。英国汽车协会针对1.8万名司机的调查结果显示，最令英国司机气愤的行为是尾随施压。其他行为包括边开车边打手机、超速驾驶、长时间占据中间车道以及从内侧超车。当然，英国高速公路和常规道路上交警警力不足也负有一定责任。记住，你的驾驶方式反映了你的感受，所以心情不好时，你可能会开得更快、更冲动，也更容易与其他司机发生争执。

与其过分关注其他司机的驾驶不当行为，不如专注于改善自己的驾驶方式。如果不慎切入他人车道，对方明显愤怒，可以开启双闪灯以示歉意，或摇下车窗，举手致歉。这些简单的表示通常足以平息大多数人的怒气，因为它们展现了你认错的诚意。

如果你被后方司机紧追不放或者因为对方的不耐烦倍感压力，切忌因此加速行驶。记得要深呼吸，保持冷静，因为在压力下，呼吸往往会变得又快又浅，使大脑缺氧，令我们更加紧张。不要在路边停下，以防对方决定尾随，而应在路况允许的情况下适当

物理攻击

减速，给对方超车的机会。或者，也可以在遇到的第一个环岛绕行两圈，让对方先行。

英国汽车协会建议，如果持续被路怒司机尾随，且对方就是不肯放弃，最安全的做法是开到最近的警察局。如果找不到警察局，应前往人多的公共场所。加油站就是一个不错的选择，那里监控设备众多，繁忙的街区也可作为备选。在这些地方，你可以报警，众多目击者的存在也有望有效威慑对方，让其自行离开。如果车上有同伴，他们可以录下对方司机的行为，以此让对方收敛。如果你已经停车，而路怒司机就停在了你后面，切记不要下车，哪怕是想要解释或道歉。这样很可能会使对方有更强烈的反应，因为他们可能有着完全不同的目的。

另外，如果有车辆长时间尾随，无论你多么想回家，也请不要这样做。你绝不会想让一个疯狂的人知道你的住址。有趣的是，路怒现象在疫情期间明显减少。当然，与人们减少了开车的频率有关，并且人们工作通勤和赶时间的场合减少，即便开车出行也很少迁怒他人。在当前的经济形势下，路怒情况出现概率又有所上升。

劫车

劫车指通过武力或威胁从司机手中抢夺汽车的行为。常见的

外部威胁

劫车手段包括"碰瓷抢劫",即劫匪在信号灯处轻碰受害者的车尾,当受害者下车检查损伤情况并交换保险信息时,另一名劫匪便会趁机开走受害者车辆。还有"专骗好心人"伎俩,劫匪假装遭遇事故受伤,当受害者司机停车时,就会用枪支威胁司机下车,另一名劫匪则趁机将车开走;以及"诱骗钓鱼"手法,后方车辆闪灯并挥手,仿佛是在提示你的车有问题。而当你靠边停车时,他们就会趁机抢走你的车。

2019—2021年,伦敦共发生了2663起劫车事件。而在美国,每年有超过3.4万起劫车事件,其中90%发生在城市或郊区。

遇到劫车如何应对

遭遇劫车威胁时,避免正面冲突是最佳选择。如果被对方用枪指着,无论多么愤怒,都不应试图干扰劫匪,而是让他们继续行动。这听起来或许有些懦弱,但坦白讲,如果对方有枪,不值得冒险,保险会发挥它的作用。请注意以下要点:

- 如果你的车被后方车辆轻微擦碰,请慎重选择停车地点。如果周围无人,可以通过打开双闪灯的方式示意你遇到了危险,请其他车辆跟随。只在人多的公共场所或有监控和工作人员的车库停车和下车。

- 如路遇交通事故等情况,决定下车帮忙前请三思,报警可能更为安全。

- 决定下车帮忙前，先判断声称需要帮助的车辆是否有损伤。如果感觉有哪里不对劲，请做好全速离开的准备。
- 努力记住劫车者的特征，包括体形、发色、眼睛颜色和肤色。还要记下他们车辆的特征，如车牌号和颜色。
- 如果发现自己已被劫持，尽量保持冷静，避免事态升级。劫匪通常只想要你的车，而非你的命。他们也不想带走你的孩子：在下车和交出钥匙之前，务必确保孩子们能安全离开。
- 如果你是独自一人，离开车辆后请立刻寻找逃生路线。
- 交出车钥匙。

大规模枪击

据美国联邦调查局统计，2000—2019年，美国共发生了333起大规模枪击事件，造成2851人死亡，肇事者多为平均年龄18岁的独行枪手。大规模枪击可能发生在任何公共场所，就连神圣的教堂也不例外。校园枪击事件中，枪手通常与学校存在某种联系，他们可能是在校学生或校友。对枪手而言，这通常是以自我了断收尾的终极行动。不仅是学校，美国的杂货店也面临大规模枪击事件的威胁。2022年5月14日，一场发生在非裔美国人社区，针对黑人顾客的种族主义枪击事件造成10人死亡。

外部威胁

在美国，这类悲剧的发生频率正在增加。犯罪学家认为，大规模枪击事件的发生是有其规律的，一起事件常常会触发一系列其他事件。无党派组织"暴力研究"（Violence Project）在受美国政府资助，开展对全美范围内的大规模枪击事件的研究后发现："一起大规模枪击事件发生后，紧接着会有数起类似事件发生。"该组织统计的关于全美各地枪击事件的数据显示，在枪击事件发生的两周内，大量的媒体关注可能使潜在犯罪群体受到刺激，进而发起仇恨射击行动。

遇到大规模枪击如何应对

如遇独行枪手进入学校、教堂或工作场所，提前了解出口位置是逃生的关键。这类事件发生的可能性很小，但永远不要心存侥幸。如果你住在美国，在商场购物时，记得在心里画一个地图，标记好出口的位置。

美国国土安全部建议，如遇大规模枪击，请使用"跑、藏、战"模型。

跑： 反恐专家建议，比起屏住呼吸躺在地上装死，尝试逃离枪击现场的生存概率更高。但不要盲目地朝任意一个方向跑。听听枪声从哪里来，预判一下枪手的位置，再相应地计划自己的逃生路线。枪击开始后的前10秒对生存至关重要：要么趁此机会将

物理攻击

自己从杀戮区域解救出来,要么被困在其中。如果枪手使用的是突击步枪,声响会很大,大概和你以往听到的声音都不相同。你需要安静而迅速地移动,尽可能少地引起注意。尽量与旁边的墙壁保持些许距离,因为子弹可能会反弹并击中你。

藏: 如果无法逃离枪击现场,你需要找到可以挡住子弹并不被枪手发现的隐蔽点,并从一个隐蔽点移动到另一个,直至确保安全。推荐使用的室外掩体包括汽车、水泥块和墙壁。在室内时,文件柜可以作为掩体。但一定不要躲在桌下,这太明显了。如果可能的话,找一个带钥匙的储藏室,将自己反锁在内并躲在家具后面。只有当门向内开时,你可以用家具堵住门;如果门向外开,这么做毫无意义。记得关灯,这样不会引起杀手的注意。一场大规模枪击的平均时间大约是15分钟。之后,警方狙击手便有望就位,击倒枪手。在此之前,你成功隐藏自己的每一刻都是胜利。

战: 这绝对是最后的手段,当你别无选择,便只能为生命而战。永远不要独自作战。与其他人协同进攻,指派一人分散枪手的注意力,使其不会注意到负责进攻的人员。务必等待恰当的时机。你每多活一刻,救援队伍都在更近一步。耐心等待,比如在枪手重新装弹的那宝贵的几秒钟内,如果你们人数足够,便有机会将其制服。寻找武器,任何可以使其失去行动能力的东西都行,并在使用时毫不留情。

外部威胁

离枪手越近越好。你们中的一人应尝试夺走武器,另一人负责拽住他的腿。用肘击打其面部会比用拳头更有力,而且不会让你感到疼痛。要像出勾拳一样肘击枪手面部。或者,如果有剪刀或钢笔,可以刺枪手的眼睛、脸和脖子。其他人则用重物砸其手臂,这样枪就可能掉下来。如果枪手是男性(大多数情况下都是),请用尽全力踢他的裆部。但一定不要试图与枪手谈判。他们知道自己内心期盼着怎样的结局,恳求不会带来任何改变。

恐怖袭击

自杀式炸弹袭击者和手持砍刀的穆斯林极端主义者已造成西方社会的一大悲剧,同时也给原本倡导和平的伊斯兰信仰蒙上了污点。

自杀式炸弹袭击引发的血腥和暴力令人震惊。在某些情况下,你的反应至关重要,采取某些特定措施能显著增加生存概率。首先,保持警惕十分关键。恐怖袭击往往会选择人群密集的地方,以造成最大伤害。如果察觉到任何不寻常的迹象,应立即通知警察或拨打反恐热线。哪怕是最微不足道的信息,也可能至关重要。因此,当你感觉某些事情不对劲时,最好尽早报告。一瞬间的直觉可能是挽救众多生命的关键。

恐怖袭击

公共交通和著名旅游景点往往是恐怖分子攻击的目标。警惕那些在静止的车内神情可疑、观察建筑物的人，或在公共建筑周围慢速行驶，似乎在踩点的车辆，还有在建筑物的出入口记录或拍照的人。如果感到不安，请立即离开。记住，你的直觉通常是准确的，人类肠道的神经元就和猫大脑里的一样多，所以即使无法确切说出不安的原因，也请相信这种感觉。

听到枪声时，尝试判断声源方向，并朝相反方向逃离。如果你在恐怖袭击现场附近的建筑物内，请远离窗户。遇到袭击时，不要围观，周围可能还有其他极端分子，且攻击可能分多个阶段进行。远离玻璃窗和门，如商店橱窗。如果周围有人群，应尽快离开，以免有另一次自杀式袭击。

在阿富汗，恐怖组织塔利班使用的一种策略是先引爆一枚简易爆炸装置，然后在联军赶到现场时，再由一名自杀式炸弹袭击者引发第二波爆炸，造成更大的伤害。如果你正处在某个建筑物内，应远离窗户，因为爆炸的冲击力可能会将窗户震碎，甚至将你抛出窗外。遇到炸弹爆炸时，躲在桌下是较为安全的选择，桌子能为你提供一些保护，避免你被落下的碎片伤到。

袭击过后，如有需要，应寻求专业的心理健康支持。重大事件可能对心理健康产生长期影响，如果事情过后几个月仍感到困扰，寻求帮助十分重要。

外部威胁

绑架

绑架有多种原因：要求赎金、强迫从自动取款机取款、施加非自愿劳役或性侵犯，或是出于政治目的。在各种绑架案件中，针对儿童的绑架尤其令人担忧。

儿童绑架案

儿童被绑有多常见呢？根据慈善组织反诱拐行动（Action Against Abduction）的数据，"在英国，每年约有50名16岁以下的儿童遭陌生人绑架"。此外，英国防止虐待儿童协会提供的数据显示："在英国，每100名儿童中就有1名在童年或青少年时期遭遇绑架未遂，而这种情况在单亲家庭和低收入家庭更为普遍。"

据统计，42%的绑架由陌生人实施，75%的绑架最终失败。被绑儿童的平均年龄为13岁。

最常见的非性侵害形式的儿童绑架往往来自激烈争夺抚养权的一方父母。当其他家庭成员协助绑架方父母藏匿孩子时，这种情况也被称作"家庭绑架"。在绑架方父母意识到孩子的利益远比争夺抚养权更重要时，这类案件通常能得到解决。

在一些情况下，父母中的一方会在未征得另一方同意的情况下带孩子出国。从英国出发，常见目的地包括科威特、波兰、西班牙、印度、美国、巴基斯坦、罗马尼亚和德国。如果发生了这种情况，<u>应立</u>即联系警察，并提供以下信息：

- 孩子的外貌描述和全名。
- 绑架的原因。
- 绑架的时间。
- 可能绑架孩子的人。
- 你认为孩子现在可能在的地方。
- 你认为孩子将来可能被带往的地方。
- 可能绑架孩子的人的车辆信息。
- 如果此前曾有人威胁带走孩子，或孩子曾遭遇过被人绑架或绑架未遂的情况，请提供所有相关细节。
- 孩子是否有护照及护照签发地。
- 孩子的护照号码、是否有双重国籍及多个护照。
- 是否持有孩子的出生证明。
- 与孩子相关的协议或法庭指令。

如果孩子尚未被带往国外，警方会发布"港口警报"，警告所有出境口岸（港口和机场）阻止其出境，警报最长可持续28天。如果孩子的安全存在风险，警方可以启动"儿童救援警报"，借助媒体和公众的力量增加找到孩子的可能性。

外部威胁

> **奥利经历谈：真实绑架案**
>
> 当我在战后的伊拉克担任安全承包商和区域经理并管理2000名当地士兵时，许多西方公司的本地员工经常遭到绑架。在电网修复和新的移动通信网络安装期间，这些员工做出了重大贡献。后来，我们就有一名员工被绑架了。一位同事在与绑匪交涉时，从电话背景中听到有人被斩首的声音。在我们支付赎金之后，绑匪仍然杀害了他。谈判时，定期获取人质存活的证明非常重要。此外，被绑架者在绑匪手中的时间越长，安全营救他们的可能性就越小。

如何与孩子讨论被绑架的可能性

20世纪70年代初，英国政府启动了一项名为"危险的陌生人"的宣传活动，旨在警告孩子们警惕可能身为绑匪的陌生人，这在当时让许多孩子害怕极了。不过，根据统计数据，孩子更可能被认识的人绑架。只警告孩子们陌生人的危险，会让他们对熟悉的成年人抱有错误的安全感。

孩子们通常被教导要听大人的话，因此我们也需要找到一个适龄的方法，确保他们有能力保护自己的安全。其中一个方法是实行"先确认"的安全原则。你需要告诉孩子，不论何时何人试图带他们去往何处，即便是认识且看似可信的人，都必须先征询父母或监护人的同意。需要额外强调的是,哪怕有人打破了这一规则,孩子也可以毫无顾忌地告诉你,你不会生气或失望,他们也不会受到惩罚。如果他们感觉有什么不对,那么很可能确实有问题。如果有成年人不遵守"先确认"规则,并试图强行带他们上车,孩子应该用尽全力大声尖叫,并大喊"叫警察!"或"离我远点!"等具体呼救,明确表示他们不是在闹着玩。

孩子们需要知道,他们没有理由对父母或监护人有所保留,他们有任何问题都可以告诉你。你与孩子的这种开放沟通将保护他们,使其免受那些企图通过礼物、糖果、钱财或其他诱惑让孩子保守秘密的不良人员侵害。如果孩子知道保密不对,一旦这种情况发生,就很可能立刻告诉你。

儿童绑架事件大多发生在下午2至7点,这是孩子可能单独从学校或朋友家回家的时段。父母应鼓励孩子出门在外时保持结伴同行,单是多一个同伴就能显著降低被绑的风险。

快速绑架案

绑架的风险在一些发展中国家相对更高。目前,菲律宾是最容易发生绑架的地方,目标通常是富裕的华裔商人。其中,最常见的是快速绑架案:在你使用自动取款机时,突然有人用枪逼迫你上车,随后驱车前往不同位置的自动取款机,强迫你取出尽可

外部威胁

能多的现金。这类绑匪通常是缺乏经验且容易紧张的低级犯罪分子。他们可能处于醉酒或兴奋状态，因此，你需要谨慎评估自己能否制服对方。如果对方手持枪械，而你又处在偏远地区，那么大声呼救可能无济于事，顺从他们的要求可能更为安全。在快速绑架案中，绑匪通常在拿到现金后就会释放受害者，他们无须长时间扣押你，也不愿因伤害游客引起警方注意。许多经济不发达的国家依赖旅游经济，对危害旅游业的本地犯罪分子会采取严厉打击措施。

在拉丁美洲和非洲，发生此类绑架案的概率较大，对此一无所知的游客也更容易成为目标。不过，拥有一些常识就能避免这种情况发生。身处城市不安全地带，走在昏暗的街道上，很容易成为这些犯罪分子的目标。应寻找照明良好，最好设有安全门的自动取款机。使用自动取款机时，时刻留意周围情况，如果有人靠得过近，应要求他们后退，或取消交易并等待对方离开。

小心那些在酒吧或旅游区过分热情的陌生人，那些请你喝一杯的邀约可能就是绑架的前奏。夜晚到达的旅行者往往比较疲惫，受害概率更高，因此不要在这些地方逗留，独自旅行者应尽快前往住处。在白天，周围的事物看起来会有所不同，对环境有更多了解后，可以稍作放松。但务必单独存放一些急用现金和信用卡，以防钱包丢失。应提前做好有关目的地的功课，查看其他旅客的评价和经验分享。一般而言，公交车站和火车站是小偷经常出没的场所。

绑架勒索

来自富裕家庭或像演员这样的知名人士的子女可能成为绑匪的目标，他们会试图以此获取巨额赎金。英国、澳大利亚和美国政府要求不向绑匪支付赎金，法国和意大利则相反。英国《反恐和安全法案》声明："恐怖分子长期以来一直利用绑架勒索来筹集资金，以增强势力。向恐怖分子支付赎金不仅加强了其组织和实施恐怖袭击的能力，还使其能够维持团体运转，招募成员。同时，也进一步刺激了未来的绑架事件。在叙利亚和伊拉克活动的恐怖组织，如'伊斯兰国'，就在利用绑架勒索筹集资金。"

在这类精心策划的绑架事件中，绑匪性质与盯着自动取款机不放的低级机会主义者截然不同。他们是技术高超的策划者，有时是与黑社会交往甚密的退伍军人。

如果有人想绑架你怎么办

逃脱绑架的最佳时机是绑架发生最开始的几秒钟。这对绑匪来说也是最危险的几秒钟，因为他们可能正冒着被指认的风险，于光天化日之下在建筑密集的区域实施绑架。这是逃跑的最佳时

外部威胁

机。务必制造大量噪声吸引人们的注意,大喊"报警!"或"救命!"记住,要扯着嗓子喊。如果成功的话,目击者越多,有人报警并提供对绑架者的身型描述,以及车型、颜色和车牌号码等车辆信息的机会就越大。

大多数不成功的绑架行动都源于受害者的及时反击。一般来说,受害者会因为害怕和震惊而无力抗拒,所以当你做出一些令人意想不到的行为,如用头撞或脚踢绑匪胯部,将为自己赢得一些宝贵的逃生时间。使出浑身解数发动攻击,别害怕,要愤怒!在周围环境中找一个可以用来实施攻击的物体。重点攻击绑架者身体的脆弱部位,比如眼睛、喉咙和睾丸。无论发生什么,都不要让他们把你带进车内。如果绑匪驱车将你带到了偏僻位置,警方将很难找到你。一旦进入移动的车辆内部,绑匪就掌握了控制权,逃跑的机会减少了一半以上,甚至再也没有机会逃跑了。如果你设法摆脱了他们的控制,应尽快跑到光线充足的地方(如果天色很暗的话)或人群密集处。

从绑匪的汽车后备厢逃生

你可能会被一块用氯仿浸泡过的手帕放倒,从而无法抵抗,陷入昏迷之中。但如果你是在清醒时被塞入车内的,请尽量记住绑匪的行进路线,如车开了多长时间,转了几道弯,路上出现过

绑架

什么声音。如果幸运的话，你可能还带着手机，可以打电话报警。向警方提供尽可能多的准确信息，包括车辆信息、当前位置和事件经过。好消息是警察可以追踪你的手机。

根据英国法律，2002年后生产的汽车必须在后备厢内安装一根手动开启拉绳，以防止儿童被锁在车内并死于二氧化碳中毒。如果你足够幸运，正躺在这样的后备厢里，并且愚蠢的歹徒也忽略了这一细节，请迅速找到手动开启装置并拉动或按下它。即使是2002年以前生产的汽车，后备厢里也通常放有千斤顶。如有，将它放置到靠近后备厢锁扣处，反复转动把手，直至将厢门撬开。千斤顶也可用作武器，给予绑匪意外的打击。

如果这个方法行不通，可以尝试撕开后备厢的内衬，找到刹车灯的大概位置并踢坏它。如果你能砸碎塑料镜片和外壳并取下刹车灯，应该能透过开口处查看周围环境。选择合适的时机，比如当后方有来车时，把手臂伸出去，用力挥动。如果能事先在手掌上写下"救命！"更好。时间非常宝贵，因为绑匪很可能会迅速将你带到无人居住的偏远地带，到那时就很难再有被他人发现的机会了。

如果你在求救时后方没有来车，千万不要在恐慌中浪费宝贵的观察时间，尽可能地熟悉周围环境，这很可能会在你寻找逃跑路线时派上用场。记得留意车内的人声。如果只有一个人，绑匪

外部威胁

很可能会在中途短暂停车。听到下车的声音时,如果后排座椅可折叠,可以从那里下车逃生。

被囚禁后应该怎么办

如果最初的反抗失败了,你必须立即改变策略。现在必须尽可能地温顺和讨人喜欢,避免眼神接触,让劫匪相信你不是威胁,给他们一种虚假的安全感,从而可能犯错。评估你周围的环境,寻找可能的出口,并了解此处布局。观察并思考绑匪的精神和心理状态——他们是冷静、疯狂还是烦躁?他们为什么要带走你?试着找出他们的动机,是金钱、报复,还是政治因素?

如果是因为赎金被绑,或被人口走私团伙贩卖,你很有可能会被多次转移到不同的地方。绑匪可能不会提供足够的食物,在这种情况下,你会发觉自己变得越来越虚弱,身体似乎缺乏逃跑所需的能量,头脑也在关键时候变得模糊。随着时间的推移,保持求生心态会越来越难。

礼貌地要一杯饮料、一条毯子、一些食物等,与抓你的人建立关系,提醒他们你不是一块上面印有美元符号的肉,而是和他们一样的人,需要同样的东西。避免任何敏感的话题,如宗教。渐渐地,试着找到你和他们之间的联系:也许你们都有一个儿子,也许有一场重要的足球比赛即将到来,你们可能有共同的兴趣。

告诉他们你的名字、你的孩子，以及你有多喜欢为人父母，详细描述你的孩子，你喜欢和他们一起做什么，他们的生日是什么时候。良好的关系能建立起信任和同理心。如果强调你们有共同的兴趣，绑匪会在潜意识中觉得你不那么危险，因为你和他们相像。如果有家人的照片，请向绑匪展示。告诉他们你自己的故事：你出生在哪里，是如何遇见你的伴侣的，如果你没有被绑架，这周应该在哪里。通过建立一个更完整的自我形象，你在唤醒绑匪身上所有的人性，在他们向你施加痛苦或准备结束你的生命时增加困难。

如果绑匪看上去很冷静，每天提供足量的食物，你很有可能活下来。私下里，试着建立自己的日程。它会在一个你几乎什么也无法控制的环境里提供一种掌控感。锻炼和冥想有助于保持身体力量和心理健康。试着通过观察牢房里的光线、温度和动物的声音来掌握时间和日期。经常想想你的家人，想想你们重聚的画面，计划一次和他们一起的出国旅行。想象闻着温暖的沙子，尝一口莫吉托，给自己一些东西坚持下去。

幸运的话，你会迎来一次营救行动。这是整次遭遇中第二危险的时刻（仅次于被绑时），因为你可能会被绑架者用作人肉盾牌。救援队将配备强大的火力。他们已经看过你的照片，但你现在可能长出了胡子，或因被囚禁的时间较长而衰老。总之，救援

外部威胁

队来临时，躺在地上，抱住头。

如果绑匪对你的态度变得疏远，也不再提供食物，很可能意味着谈判失败。他们没有收到赎金，准备杀了你。如果幸运的话，你可能有几小时的时间，这是你必须尝试逃跑的时段。就算不幸遇难，你的命运也曾掌握在自己手中。

野生动物攻击

熊的袭击

熊在世界各地分布广泛，从越南到北极，从蒙古草原到罗马尼亚，都有熊的身影。如果你迎面碰到的不是手拿橘子酱三明治的帕丁顿熊，下面这句朗朗上口的口诀或许能派上用场："黑色拳头准备好，棕色就往地上躺，白色晚安再见了。"与人类发生冲突次数最多的是灰熊，它们在许多地区的栖息地面临被人类共享或侵占的情况。而北极熊生活在人迹罕至的极地。随着城市空间的不断扩大，人口数量不断攀升，郊区逐渐扩展到野生动物的栖息地，人熊冲突在所难免。我们越是深入荒野，家中宠物面临的威胁也就越大，极易成为大型野生动物的盘中餐。由于人类的入侵，野生动物的栖息地面积缩小，捕猎难度增加，像熊这样的杂食性野生动物只能被迫翻垃圾箱或以家畜为食。

野生动物攻击

欧洲棕熊

欧洲棕熊通常比表亲灰熊稍小一些，但体形仍然庞大。它们在罗马尼亚分布最为密集。罗马尼亚的前领导人尼古拉·齐奥塞斯库曾长期禁止除他以外的任何人在喀尔巴阡山脉狩猎，违者将罚款一年工资，从而造成了如今该地区棕熊（以及狼和猞猁）数量繁多的局面。罗马尼亚现有约7000只棕熊，比欧洲任何一个国家都多，也是当之无愧的熊袭人事件最多的国家。在布拉索夫市，人兽冲突尤为突出。作为通往特兰西瓦尼亚棕熊保护区的门户，这座城市的市政垃圾场吸引了大量棕熊前来觅食。公园里也时常发生醉汉晚上睡在长椅上随后神秘消失的怪事。

北极熊

北极熊主要依靠海洋为生，因此被归为海洋动物。这种食肉动物拥有惊人的耐力，可以连续两天不间断游泳。它们广泛分布于整个北极地区，是地球上最大的食肉动物之一（后腿站立时可达3米高）。北极熊拥有强大的嗅觉，能在32千米外嗅到猎物的气味，并坚定不移地进行追踪。受气候变化影响，北极熊用于寻找猎物的浮冰冰层越来越薄，因此它们不得不长途跋涉，冒险进入人类的领域觅食。

北极熊天性好奇，善于探索。在其栖息地内，即使是开车，也

外部威胁

应避免夜间外出。步行外出时，应携带防熊喷雾和枪械。露营时，切勿将食物留在打开的餐盒内或帐篷附近，以免引起北极熊的注意。务必将食物存放在密封容器内。不要在没有防护网或电围栏的地方扎营睡觉。北极熊通常在靠近海岸线的地方出没，因此请尽量选择内陆地区扎营。尽量避免在睡觉的地方做饭。

攻击人类的几乎都是营养不良的年轻雄性北极熊，大多以个人或人数较少的团体为目标。如果你看到一只北极熊，但它没有看到你，应保持静止直至北极熊离去，然后再缓缓后退。如果它向你奔来，你需要迅速做出反应。一定不要乱跑，与灰熊不同，北极熊不会假装冲过来。此时，枪是最好的防御武器。如果手上有枪，可以先发一枪以示警告，这应该足以让它知难而退。如果不奏效，直接瞄准其头部或下巴下方的位置。不过，由于大多数人都没有经历过一只猛兽朝自己飞速扑来的情况，枪支成功击退北极熊的概率也只有76%。

由北极熊国际协会资助的一项最新科学研究显示，防熊喷雾在4米范围内有98%的有效性，但要胆子够大才敢在距离这么近的时候再使用防熊喷雾。而且你还得在北极熊位于下风方向时使用才行，否则胡椒喷雾会进入你的眼睛。北极熊主要利用嗅觉和视觉发动攻击，因此如果你只有一把刀，应首先刺向它的鼻子和眼睛。发射信号弹也是一种有效的威慑手段，红光与火的颜色相近，就算是北极熊也会怕火。只是很少有人能在这类攻击事件中活下来而已。

生存案例研究：装备故障导致的斯瓦尔巴群岛惨剧

挪威斯瓦尔巴群岛是世界上最大的北极熊聚集地。2011年，共约80名英国学生参加了由英国学校探索协会组织的斯瓦尔巴群岛探险活动。尽管北极熊会对人类构成威胁，但孩子们的父母得到协会保证，探险营地将设有安全装置绊网，一旦触发便会引燃小型爆炸性照明弹。另外，带队的教师也会携带枪械以备不时之需。然而，一天夜里，学生们熟睡时，绊网未能发挥作用，导致一只饥饿的雄性北极熊不费吹灰之力便闯入了营地。它袭击了帐篷里的两名男孩，咬伤了其中一名男孩的头部，而另一名名叫霍雷肖·查普尔的男孩则被活活撕咬致死。所谓的枪械其实是一把带队老师根本不会操作的老式步枪。

灰熊

灰熊是棕熊的一个亚种，分布于北美，是熊类致人伤亡事件的罪魁祸首。发动攻击的通常是受伤或饥饿的雄性灰熊、亚成年雄性灰熊和具有强烈保护本能的雌性灰熊（尤其是在认为幼崽受到威胁时）。因此，永远不要走在母熊和幼崽之间。雄性灰熊的体

外部威胁

形通常比雌性灰熊大，后腿站立时可达 2～3 米。它们拥有惊人的嗅觉，是猎犬的 7 倍。尽管人类不在其狩猎范围内，但如果受到惊吓，它们可能会逃跑或发起攻击。如果灰熊已经吃饱喝足，并且你在行进途中制造了足够的噪声，使其意识到你的靠近，灰熊很有可能会选择离开。

选址扎营时，要留意灰熊的足迹和粪便，这些都是它们活动的迹象。如果粪便仍柔软温暖，那么熊可能就在附近，因此你需要制造一些噪声。灰熊粪便的颜色会因摄入的食物有所不同。它们是杂食动物，所以不仅吃肉，也吃浆果和草。因此，灰熊的粪便可能是紫色的，也可能是带有浆果的黑色，或混杂着草的绿色，甚至是带有动物毛发的黑色，并且往往是一大团。

另一种灰熊在附近活动的迹象是它们休息时留下的大窝，通常位于足迹的一旁，是一块草被压平的圆形区域。作为顶级捕食者，一旦闻到食物的味道，灰熊会兴高采烈地走向人类营地。每年都有人因未能将食物存放地与夜间休息的场所分开而被灰熊袭击致死。请确保所有的食物容器都已密封良好或高高挂在树上，包括巧克力和能量棒之类的小零食。

国际熊类研究与管理协会在 1994 年的一项研究显示，在美国黄石公园受到灰熊袭击的徒步旅行者中，有 61% 的人试图逃跑或爬树。这两种方式都不可取。逃跑会激发灰熊的"追逐本能"，并

野生动物攻击

且灰熊能以时速56千米奔跑很长时间（就像北极熊游得比你快一样）。虽然成年雄性灰熊因体重过大腿部无法承重，且爪子向内弯曲而无法爬树，但体重较轻的亚成年灰熊是可以爬树的。

记住前面的口诀："棕色就往地上躺"。虽然听起来有些反直觉，但抑制住逃跑的冲动，趴在地上，身体缩成一团，膝盖夹在下巴下面，手捂住后脑勺，保持这个姿势不动——就像装死一样——是此时最好的选择。让自己显得小一点，这样在灰熊看来，你的危险性也会小一些。它们最多会咬上几口，或用前爪踩几下，之后便会失去兴趣，继续前进。

如果灰熊认为你还活着，便会狠狠攻击你，这时你别无选择，只有反击。务必先用刀刺它的眼睛。大型猫科动物往往会咬住猎物的脖子令其窒息而死，或在准备进食前咬穿猎物的头骨令其立即死亡。但灰熊不会，它们很乐意在你还活着的时候慢慢吃掉你，撕下来一只手臂嚼一嚼或扯下来一个屁股；之后离开你，小睡一会儿，然后再回来饱餐一顿。

灰熊讨厌樟脑丸的味道，因此你可以准备数量充足的樟脑丸撒在帐篷周围。另一种威慑方法是在它们离你约9米远时使用胡椒喷雾，但前提是熊在你的下风处。喷口应朝向地面，因为熊会低头俯冲过来。当灰熊在身后远远跟着你时，想办法让自己看起来更大。用两根3米长的树枝搭成一个巨大的十字，用皮带扎紧，

外部威胁

最后在上面盖上敞开的睡袋、垫子、塑料袋或帐篷（就像翅膀一样），放到身后，并发出大量噪声，这样从远处看起来你就像一只巨型动物。

> **生存案例研究：《灰熊人》**
>
> 很少有纪录片会像《灰熊人》那样充满悲剧冲击力，影片讲述了演员出身的熊语者和环保主义者蒂莫西·崔德威尔的故事。13年来的每个夏天，崔德威尔都会离开加州，前往阿拉斯加的荒野，乘坐水上飞机到达卡特迈国家公园和自然保护区，那里栖息着大约3000只熊，约占世界灰熊总数的10%。他在那里与野生灰熊共度夏季。崔德威尔因为极度勇敢（有人会说是天真）的自拍视频声名鹊起，视频中他与熊距离非常近，几乎可以触摸到它们。他能辨认出每一只灰熊，并给它们起名字，似乎也知道自己可以和它们亲近到什么程度。崔德威尔身上有一种讨人喜欢的童真，他对熊充满信任，甚至不携带胡椒喷雾，更别提枪了。令人难以置信的是，灰熊们接受了他，甚至有幼崽的母熊也似乎知道他并不构成威胁。
>
> 尽管崔德威尔经常违反卡特迈国家公园的规定，包括食物存放不当、骚扰野生动物、使用便携发电机和无证为游客导游等，但有一条规则他从未违背，那就是在九月底灰熊进入洞穴

野生动物攻击

冬眠时离开。那时唯一不进洞的熊可能是年长或受伤的熊，它们没有充分进食以储备足够的脂肪进行冬眠，仍然饿着肚子四处觅食。崔德威尔遵守了自己的原则，但后来因与安克雷奇的一名陌生人发生争执，他请求他的朋友兼水上飞机飞行员威利·富尔顿将他带回荒野多待一周。

崔德威尔和女友艾米·胡格纳德被一只陌生且长相凶恶的灰熊活活吃掉了。这位环保主义者在录像机上留下了最后的录音，记录了他们的死亡。2003年10月6日星期一下午2点，威利·富尔顿如期抵达卡夫利亚湖去接他们，却遇见了一只大灰熊。他大声呼喊朋友的名字，却无人回应。富尔顿决定飞越营地，以吓跑灰熊，却发现灰熊正把头埋进死去的朋友的胸腔里。后来，3名护林员向熊开枪，一共开了21枪才将它杀死。蒂莫西和艾米惨死的6分钟录音从未公开。

黑熊

北美地区约有90万只黑熊，这也让它们成为该地区最常见的熊种。与灰熊和北极熊相比，黑熊体形较小，攻击性较低，是一种非掠食性杂食动物。尽管它们通常倾向于避开人类，但仍是部分偶发袭击致死事件（每年不到1次）的元凶。令人困惑的是，黑熊并非只有黑色。实际上，它们有多种颜色，从肉桂色到焦糖色

外部威胁

和棕色不等。如何准确区分一只棕色的黑熊和一只灰熊呢？灰熊有着圆滚滚的耳朵，肩膀之间有明显的肌肉隆起。

过去的20年里，共有25人因黑熊丧生。《野生动物管理杂志》（*Journal of Wildlife Management*）中的一项研究发现，92%来自黑熊的致命袭击由独行的雄性黑熊发起，且多发生在8月。8月是徒步旅行的热门季节，此时黑熊也在储备脂肪，为冬眠做准备。每年都有数百万次人类与黑熊的接触，却鲜有意外发生。但请记住，黑熊的奔跑、游泳和爬行速度都远超人类，如果它想攻击你，它确实有能力这样做。如遇黑熊，请立即抱起小孩和狗，并制造大量噪声以提醒它注意你的存在。

虽说"黑色拳头准备好"，但在采取这种方法前，要先让自己看起来更大一些，大声呼喊并挥动手臂。务必坚守阵地，千万不要转身逃跑或装死。如果有胡椒喷雾，可以在黑熊离你12米远时使用。如果没有，用脚踢它的鼻子和脸。

美洲狮的袭击

美洲狮又称山狮或美洲金猫，这种大型食肉动物广泛分布在美国（从蒙大拿州到佛罗里达州）和加拿大，甚至智利。通常情况下，美洲狮捕食比自身小的猎物。据了解，因美洲狮袭击造成的27起人类死亡事件中，几乎一半的受害者是13岁以下的儿童。

野生动物攻击

美洲狮在黄昏和黎明时分狩猎，有时会被国家公园里独行的自行车骑手和跑步者吸引，因为他们的活动会触发这种动物的追捕本能，发起让人毫无防备的突袭。

如果发现美洲狮，一定要和它保持对视。保持自信，冷静大声地说话，然后逐渐后退。永远不要把视线从美洲狮身上移开，哪怕只有一秒钟。在美洲狮看来，这代表着恐惧。转身背过去同理，并且它们最喜欢通过攻击脊髓杀死猎物。美洲狮极其灵活，据说可以垂直跳跃4.5米，向前跳跃12米。一旦决定进攻，它能迅速缩短与你之间的距离。

你可以让自己看起来更大，并向它扔东西，但千万不要蹲下捡东西，这是另一种鼓励进攻的信号。在美洲狮眼中，蹲下来的你变小了，因此更容易杀死。单挑美洲狮的生存概率很高：朝它的眼睛攻击，砸它的鼻子，它很可能会走开。胡椒喷雾也是有效的。

生存案例研究：虎口脱险

安妮·耶勒，一名来自加利福尼亚州奥兰治县的48岁女性，与朋友黛比在当地怀廷牧场附近的一条小径上骑车时，遇到了一名男子。男子称自己发现了一辆自行车，却不见它的主人。她们继续骑行，正朝着峡谷下坡时，耶勒周围的灌木丛中突然出现了一个红黄色的东西。起初，她以为是一只鹿，但当

外部威胁

它用爪子扎进她的背部，将她撂倒在地时，她感受到了它惊人的重量。那是一只巨大的美洲狮。

美洲狮咬住耶勒的脖子，开始将她拖向峡谷。她设法几次击打美洲狮的脸，但毫无效果。黛比抓住了她的腿，与美洲狮拉扯，后者已经将耶勒的头夹在嘴里了。随后，它生生撕下了她的脸颊，耶勒开始眼前发黑，已经准备好迎接死亡。当她醒来时，美洲狮不见了。多亏了附近有几名自行车骑手经过，他们发现后便开始朝美洲狮扔石头，其中一个正好击中了它的头部。美洲狮便放开猎物，逃进了灌木丛。耶勒被自己的血呛住了，她记得自己的左半边脸就好像"被人在上面钉了一块牛排，疼得厉害"。

救护直升机到达时，飞行员能看到美洲狮就蹲在幸存者和其他骑行者附近：它并没有放弃，正在等待下一次机会到来。后来，当地警方发现了一具尸体，经确认为最开始那辆自行车的主人马克·雷诺兹。雷诺兹是一名运动员，但由于单独行动，成了美洲狮更容易攻击的目标。耶勒认为，如果她是一个人的话可能就无法幸存下来了，幸好有朋友以及加入战斗的骑行者，才得以生还。再加上一点运气——在袭击中她遭受了20处深度创伤，但没有一处伤口刺穿气管、食管、声带或伤及颈动脉，医生认为这简直是个奇迹。

野生动物攻击

狼的袭击

狼群正在复苏，尤其是在欧洲，其中大部分都生活在罗马尼亚的森林里。在美国阿拉斯加和加拿大可以找到灰狼和森林狼的踪迹。狼群通常由 10 ~ 12 只个体组成，每个群体都有一对领头狼，只有它们可以交配。鉴于狼天生警惕人类，而且听觉比我们强 16 倍，你几乎不太可能与狼面对面相遇。你可能会发现它们的粪便，狼却不见踪影。

然而，如果真的遇到了一只狼，最好的方式就是避免眼神交流，因为这意味着挑衅。首先，你应该低头并微微鞠躬示弱；随后，你应该非常缓慢地后退，但绝不要背对着狼。但如果一头孤狼咆哮着向你逼近，情况便不太乐观。这时需要盯着它，使自己看起来尽可能高大和具有攻击性，同时大声喊叫、拍手并尽可能制造噪声。如果它开始攻击，你要使用手边任何可用的物品反击。

狼的嗅觉非常灵敏，这是它生存的关键，因此你可以瞄准它的鼻子或眼睛。狼讨厌火，如果抓起一根燃烧的树枝挥舞，将使其保持距离。如果你面对的是狼群，唯一能做的就是爬上树，等到它们嗅到更美味的晚餐后自行离开。永远不要试图逃跑或让狼靠近你的后方，这两种行为都会引发它们的捕食本能。

外部威胁

> **奥利经验谈：老虎遇上《宿醉》**
>
> 马来西亚的一次军事行动结束后，我们在中东某处停留过夜。这成了一次绝佳的放松之夜。第二天早上的混乱状况就像电影《宿醉》中的一幕，甚至更糟……我头痛欲裂，视线模糊，和大家比对着昨晚记得的事情，直到有人说："你听说艾迪的事了吗？他的手指被老虎咬断了。"原来艾迪和其他几人醉醺醺地闯入了一家动物园，艾迪把孟加拉虎错认为可爱的小猫，爬进了笼子试图抚摸它，于是被咬掉了手指。他出现时手上裹着厚厚的绷带。这对我们所有人来说都是一个警示：适量饮酒，不要抚摸老虎！

鳄鱼和短吻鳄的袭击

无论是深入婆罗洲的丛林，漫步于佛罗里达的大沼泽地国家公园，探索亚马孙盆地，还是穿越博茨瓦纳的大草原，你都能在世界各地，在每个大洲发现鳄鱼和短吻鳄的踪迹。在这两种动物中，鳄鱼更加好斗，更可能对你发起攻击。然而，一只饥肠辘辘、正在寻找易于捕获的猎物的短吻鳄同样不会放过吞食你的机会。幸运的是，对我们这些陆栖动物而言，这些像是来自侏罗纪时代的庞然大物在陆地上的行动十分笨拙，最高奔跑速度仅为时速17千米，能被大多数人轻松超越。但在水中，它们的威力大为不同。

野生动物攻击

遇到鳄鱼盯上你时，先保持镇定，同时与它保持眼神接触，并缓缓后退。如果鳄鱼直接向你冲来，切勿认为它是在虚张声势。鳄鱼不像大象，并不会这么做。

在电影《007之你死我活》中，反派"铁手"（一位高大、衣着考究、带有机械爪的绅士）把邦德留在一个3米长的小岛上，四周环绕着饥饿的鳄鱼，并建议说："制服鳄鱼有两种方法：一种是用铅笔戳它的眼睛；另一种更简单，直接把手伸进它的嘴里，拔掉所有牙齿。"这些建议实际上很有道理。从解剖学角度看，鳄鱼和短吻鳄的外部像盔甲一样坚硬，仅有的弱点就是它们的眼睛和口腔内部。这两种动物都会以约260kg/cm^{2}的惊人咬合力（相比之下，老虎约为70kg/cm^2，一般的狗约为7kg/cm^2）将你夹在大颚中，再通过"死亡翻滚"来将你制服。你会像滚筒式烘干机里的布娃娃一样被来回翻滚。

"铁手"的第二个建议听起来很疯狂。毕竟，谁会愿意将手臂伸入一个满是细菌、牙齿如餐刀般锋利的怪物嘴里呢？但实际上，鳄鱼和短吻鳄的舌头后面有一个防止水流入喉咙的腭瓣。如果你能触及这个部位，抓住并拉开它，鳄鱼会立刻放开你。如果你在船上，试图营救被鳄鱼攻击的人，可以试着用桨或任何可用的工具敲打鳄鱼的头部以分散它的注意。

外部威胁

生存案例研究：鳄鱼袭击的幸存者

2022年的一个周日下午，比尔·扬前往澳大利亚北领地的一处静水垂钓，那是旱季末期，水位较低，本应容易观察到鳄鱼。他沿着小径向水边前进时，看到了一条咸水鳄的滑行痕迹。这条鳄鱼从水边而来，消失在灌木丛中。但因上面有脚印，他认为这是一道陈旧痕迹。突然，一只长达3.5米的巨鳄从灌木中突袭而来。扬迅速爬上一棵纸皮树，避开了咸水鳄的攻击范围。一开始它在树下耐心等待，怒视着他，而扬不断向它投掷树皮碎片，最终鳄鱼选择离开，回到了水中。

还有一个来自昆士兰州的飞钓者的故事。当时他正试图驱赶挡在投钓位置前的一头公牛，一只咸水鳄突然冲出水面，将他撞倒。鳄鱼紧紧咬住他的腿，尽管他极力抓住红树林，但鳄鱼的力量太大了，他开始被拖向河岸。他知道，一旦被拖入水中，鳄鱼就会执行死亡翻滚，那将是他生命的终结。幸运的是，他及时拿出了小刀，连续刺击鳄鱼的头部。最终在水边时，鳄鱼放开了他。

最近，昆士兰州的鳄鱼袭击事件有所增加，当地政府正在考虑允许在该地区猎杀鳄鱼。

野生动物攻击

鲨鱼袭击

鲨鱼是一种备受误解的生物,已故作家彼得·本奇利笔下的《大白鲨》一书及其改编电影对此负有很大责任。这部电影回应了我们所有人内心深处的一种原始恐惧:在安全范围外游泳时,好像有什么东西会突然袭击自己。《国家地理》杂志指出,"对被鲨鱼攻击的恐惧,更多的是一种情绪反应,而非现实情况。"鲨鱼袭击导致人类死亡的情况往往是因为鲨鱼将冲浪者误认为海豹。如果有选择的话,鲨鱼更愿意捕食海豹而非人类。与鲨鱼相遇后,大多数人被轻咬一口后就被放走了,因为鲨鱼发现其中并无太多肉质。

大白鲨是世界上最大的食肉鱼类,可达6.4米长。雌鲨体形远大于雄鲨。被大白鲨攻击的概率极低,但的确有发生的可能。2014—2018年,全球平均每年有84起大白鲨袭人事件和4起致死事件。大白鲨、牛鲨和虎鲨广泛分布于全球各地,其中虎鲨最可能无故攻击人类。

鲨鱼在黄昏、夜间和黎明最为活跃。它们常出没于河口与海洋交汇处,或是海床边缘陡然下降进入深水区的地方。如果看到鱼群跃出水面,鸟类俯冲捕食,可能意味着鲨鱼就在附近。如果鲨鱼在跟着你,尽量慢慢向船只或海岸线移动。避免激烈挥动四肢,因为这样的动作会吸引鲨鱼的注意。如果你正在潜水,最好

外部威胁

潜到底部找到藏身之处，直至鲨鱼离开。面对攻击性鲨鱼时，要保持在能看见它的位置。不要游离，以免激发其捕猎本能。如果它好奇地向你接近，请用拳头击打它的鼻子，那里是鲨鱼的神经中枢。如果它再次靠近，就试图攻击它的眼睛或撕扯它的鳃，这些部位是鲨鱼身上仅有的脆弱之处。

鲨鱼很少攻击一群冲浪者或游泳者，更倾向于选择孤立的目标。它们对血液极其敏感，即使只有一滴血，也能被鲨鱼的嗅觉系统在1.6千米外探测到。因此，如果你有开放性伤口，在可能吸引不必要关注的水域游泳是不明智的。

> **生存案例研究：大白鲨幸存者米克·范宁**
>
> 2015年，澳大利亚冲浪传奇人物兼世界冠军米克·范宁在南非杰佛瑞湾参加冲浪比赛时，被一只3米长的大白鲨攻击并拖入水下。这位冲浪者极其冷静，精确瞄准鲨鱼的鳃和背部进行反击，成功驱赶了攻击者。令人称奇的是，他随后没有立即向岸边游去，而是选择面向鲨鱼，以防它返回，直到一名骑着水上摩托车的工作人员将他接走。

河马袭击

抛开那些可爱的卡通形象，现实世界中，河马是地球上最致

野生动物攻击

命的大型陆地哺乳动物之一,每年在非洲造成约500人死亡。这些令人胆寒的生物拥有长达50厘米的尖牙,约1500千克的庞大体重,以及3~4米的体长。大型雄性河马的重量甚至可以接近两吨。这些有蹄类生物看似笨重,但在水中的速度超过人类。在陆地上,河马的奔跑时速也可达到32千米,而一般人在极限逃生时的奔跑时速为19千米。

河马白天会睡觉,将身体和敏感的皮肤浸没在水中。到了夜晚,它们会离开水面,在距离岸边约2千米的范围内觅食。河马因暴躁的脾气和强大的咬合力臭名昭著,对任何侵犯其领土的行为都反应激烈。

你坐在船上,看见了一群河马,领头的雄性河马正用充满恶意的黑色眼眸打量着你,随后突然向前一冲,又消失在水面之下,试图从下方撞翻船只。这样的情景会令人极度不安。如果河马成功将船撞翻,应尽量避免挣扎溅起水花,这样只会把河马吸引到你身边。你需要深吸一口气,尽可能游到水底,然后全力向最近的岸边游去。

生存案例研究:被河马吞进肚里

1996年,津巴布韦的独木舟旅行向导保罗·坦普勒在赞比西河上两次险些被河马生吞。另一名向导本应带领这次独木

外部威胁

舟之旅,却因疟疾倒下,于是坦普勒接替了他。一切都很顺利,直到他们遇到了一群河马,大约有十几只。有人问河马在非洲每年杀死500人是否属实,坦普勒说是,随后建议继续前进。当时共有7只独木舟,突然间,坦普勒的独木舟被一只巨大的公河马撞偏了航向。与此同时,一名初级向导被抛入空中,掉进了河里。

坦普勒让客户划回安全区,自己划过去营救那名向导。当他伸手去拉向导时,水面像是突然爆炸了。他发现自己身处一个深邃、黑暗且潮湿的地方,他试图移动手臂却无法做到:原来自己从头到腰都卡在了河马的喉咙里。坦普勒形容这种感觉是黏糊糊、滑溜溜且湿漉漉的,闻起来像臭鸡蛋。他抓住河马的长牙,将自己推了出去,浮出水面换气。

在那里,他发现了年轻的向导,便游过去帮助他,却又一次被河马吞了进去。河马在水中翻腾,他的双腿悬挂在它的大嘴外。河马将他抛向空中,又用嘴叼住了他。被咬住时,坦普勒觉得自己要被切成两半了。这时,他心生一计,那就是用两只手抓住河马的长牙,这样身体就不会被咬穿了。最终河马把他吐了出来,坦普勒的脖子和肺被刺穿,身上共有38处严重咬伤,肘部以下的左臂更是被压成了肉酱。

黑猩猩的袭击

这个主题与我息息相关。在所有大型灵长类动物中——红毛猩猩、大猩猩、倭黑猩猩、人类和黑猩猩等——黑猩猩的攻击性无疑是最高的，也是最接近于人类的。根据2017年发表在《美国国家科学院院刊》上的一项研究，黑猩猩的力量是强壮人类的1.35倍，其快速肌纤维是我们的2倍。在推、拉、举等方面，我们不如黑猩猩。那尖利的犬齿和满口的巨齿并非拿来炫耀的：黑猩猩生来就具备杀戮本能。牛津大学自然史博物馆的科学传播员萨拉·贝尔表示："实际上，任何观察过成年黑猩猩的人都不会轻易认为自己能与黑猩猩对抗。黑猩猩能撕裂人的面孔，仅凭对视就让对面的男性失去先前的雄风。"

据《哈佛校报》报道，这些我们的近亲在形成紧密团结的社会群体、参与娱乐活动和使用工具捕食方面与人类颇为相似。回想20世纪70年代，英国某茶叶广告中，穿上人类服装的黑猩猩形象风靡一时，那时人们还未意识到这些动物潜在的暴力行为。类似我曾经遭遇的诸多攻击事件以及更多的野外研究，让动物学家深刻认识到了我们对这些"可爱朋友"的误解。在野外，黑猩猩会参与部落战争，经常杀死雄性同类，食用新生儿并肢解曾被放逐的群体领袖的尸体。

黑猩猩的移动速度远超我们，特别是在短跑方面。然而，当

外部威胁

被问及如果要与不同物种搏斗，自己的胜率如何时，17%的美国人认为自己能在徒手格斗中战胜黑猩猩，15%认为能打败眼镜王蛇，而6%的人相信自己能击败灰熊。真是过于自信了！

在灵长类动物中，露出紧闭的牙齿是屈服的信号。黑猩猩只有觉得受到威胁时才会发起攻击，因此让它知道自己已经获胜是明智的选择。但是，确保微笑时不要张大嘴巴，否则这表明你有攻击的意图。咬紧牙关，并露出牙齿。

虽然黑猩猩拥有更多快速肌纤维，从而比我们更快更强，但人类的慢速肌纤维更耐久，意味着我们能以均匀的速度跑得更远。黑猩猩可能会在短跑中追上你，但如果你能避开它并持续前进，你就能甩掉它。如遇水域，就跑过去跳进水里。因为肌肉密度高，黑猩猩无法游泳。

生存案例研究：绝非人类最佳伙伴

在人工饲养的环境下，黑猩猩因进食增多和活动减少而体形较大。雄性可达80千克，雌性可达68千克。

2009年，夏洛特·纳什去拜访朋友桑迪，桑迪养了一只14岁的黑猩猩，名叫特拉维斯。夏洛特一下车，特拉维斯就把她打倒在地，并开始撕扯她的面部。尽管朋友试图制止，但都无济于事。等到警察赶到并击毙黑猩猩时，夏洛特已经失去了双手,并且需要接受面部移植手术。

黑猩猩最致命的武器是其智力,其次是锋利的牙齿。要避免用手作为武器,因为黑猩猩可以很轻松地抓住你的手臂并咬掉你的指头。它们似乎也知道你的重要器官在哪里。

生存案例研究:刚果的巨型比利猿

黑猩猩社会通常由体形最大、地位最高的雄性领导。直立时,其身高为1～1.7米。由于前肢较长而后肢较短,黑猩猩用四足行走。

当有关刚果民主共和国的比利森林的故事开始传开,即那里生活着一群强壮且体形巨大,能够轻易击败狮子的黑猩猩时,人们无不惊讶。由于该国长期战乱,科学家直到最近才得以深入这片偏远的丛林,以验证传闻。他们发现了一群体形超常的猿类,与大猩猩有若干相似之处,比如它们既在地面也在树上筑巢。这些猿类没有对人类表现出恐惧,反而是好奇。与其表亲东部黑猩猩不同,比利猿站立时高达2米,常常直立行走,还拥有类似大猩猩的显著眉骨。

比利猿的行为特点也与黑猩猩有所区别。雌性比利猿在某种程度上能影响雄性,族群会通过交配行为来缓和紧张局势。相比黑猩猩,比利猿体形更大,性情温和,面部呈灰色。

外部威胁

恶犬袭击

在我看来，内心冷酷的人更倾向于选择具有强烈捕猎本能的狗，用粗暴的方式对待它们，也不培养其社交能力，让这些动物在恐惧中长大，对暴力和痛苦习以为常，甚至不知道还有其他的生存方式。狗并非生性顽劣，是后天的遭遇决定了它们的行为模式。某些品种的狗会更容易展现出攻击性。

英国目前有约1200万只狗。2020年，全英有1700名儿童因遭烈犬攻击受伤，咬伤部位以头部为主；全年共有9人因烈犬攻击死亡，2925人因伤势严重需要进行修复重建手术。自2020年以来，狗咬人事件发生率更是惊人地增长了26%。

值得注意的是，在美国有56%的狗咬人致死事件是由比特犬引起的。自20世纪90年代以来，狗咬人致死的事件数量几乎翻了一倍。

如果面前的狗即将对你发起攻击，切勿奔跑，因为这样做会激发它们的捕猎本能。静止站立，双臂交叉放在胸前，尽量不要表现出恐惧，这样可以让狗感到困惑，然后平静地向周围的人求助。哪怕狗开始攻击你，也不要尖叫，这样只会加剧狗的攻击性。避免与狗直视，这可能被视为挑战。保持静止不动，狗最终会失去兴趣然后离开。这点听上去容易，做起来难。如果没有在保护

恶犬袭击

孩子或另一只狗,并且附近有树的话,应尽快爬上去。比特犬能跳两米高,因此你需要爬得足够高。如果附近没有树,应尽量爬到汽车顶部。如果也没有汽车,那就拿起任何一件东西作为武器。无论是棍子或雨伞,都要比空手搏斗强。

如果狗咬住你不放,可以尝试用另一只可以活动的手勒住它的喉咙。或者如果可能的话,用力扯开它的前腿使其膝盖拉伤。还可以戳它的眼睛,用雨伞捅它的肛门。阻挡狗的视线可以使其立即停止攻击。在美国,人们会使用胡椒喷雾或防狼喷雾来分散攻击犬只的注意力,或使其暂时致盲。但在英国,这些物品都是非法的,法律允许的替代品是染色凝胶自卫喷雾。

如果你的狗正在被另一只狗攻击,请不要尝试分开它们,以免自己也被咬伤。如果你的孩子受到攻击,向狗身上泼冰水可以有效打断它的攻击行为,或者也可以抓住它的后腿尽可能往后拖。任何阻止恶犬攻击自己的孩子或他人的行为都不会面临法律惩罚。

需警惕的犬种

小孩被家养的狗咬伤,到医院缝针时,护士们总会听到家长这样解释:"它从来没有咬过人啊。"其实不光是陌生的狗,家里的狗也可能咬人。而这在很大程度上与犬种和饲养方式有关。一些特定的品种似乎常常出现咬人的情况,通常是那些最初被作为护卫犬和战斗犬培育的品种。

从统计数据上来看,美国比特犬是最危险的犬种之一,也是最有可能攻击主人的犬种。比特犬咬合力惊人,一旦咬住就绝不会松口。之后,它会像摇布娃娃一样撕扯攻击的对象,小孩子根本无法抵抗。在美国,有34%的犬只伤人事件与比特犬有关,其中有66%造成了死亡。

- **罗威纳犬**。不光因为其在电影《凶兆》中的形象而令人胆战心惊。作为一种大型犬,其体重可达60千克,肩高可达70厘米,在犬只伤人事件中出现的频率最高。这种狗守护本能极强,据说在家中对人类家庭成员非常亲近,一旦与人分离或独处就会十分焦虑。
- **阿根廷杜高犬**。杜高犬由獒犬繁育而来,因攻击性极强,已在包括挪威、丹麦、马来西亚、澳大利亚、乌克兰和英国等在内的多个国家被禁养。
- **南非獒犬**。由獒犬和斗牛犬杂交而来,曾被用于非洲的狮子狩猎活动。这种大型犬体重可达80千克,不适合在有小孩的家庭饲养。
- **坎高犬**。这种巨大的牧羊犬经过了数百年的选择性培育,专门用于保护羊群不受野狼侵害。被多次评为地球上最危险的猛犬,它们不仅能越过两米高的围栏,奔跑时速更是达到了惊人的50千米。在所有犬种中，它拥有最强的咬合力，并且愿意为了保护羊群而牺牲自己。

- **秋田犬**。这种来自日本的斗犬在英国各地的公园越来越常见。它们具有很强的独立自主意识，绝对不适合初次养狗的人群；受天性影响，它们总想成为领导者，因此需要持续性的训练；对其他狗和人都有攻击性，对食物的领地意识也极强。儿童绝不要在其进食时靠近。

- **加纳利獒犬**。这种狗具有极为强烈的捕猎本能，可能在没有任何预警的情况下发起攻击。对陌生的人和狗都很警惕，是一种难以驯服的狗。

- **土佐犬**。起源于日本，是一种沉默作战的斗犬，可能攻击主人。

- **意大利卡斯罗犬**。该犬种为狩猎野猪和美洲狮被人为培育，肩高可达65厘米，曾被用于斗犬竞技。

- **杜宾犬**。该犬种出于威吓目的而被培育，已被美国的16个州列为禁养犬种。

- **高加索牧羊犬**。它们被用于保护羊群免受狼和熊的攻击，也被俄罗斯监狱用于追捕逃犯，自主意识极强。

第六部分

社会崩溃

社会解体

英国《卫报》2022年的一篇新闻报道显示，受访的美国民众中有将近一半的人担心自己的国家会在未来十年内爆发内战，担心一个敌托邦式的民主社会噩梦即将到来。同年，在美国联邦调查局对总统唐纳德·特朗普位于佛罗里达州的私人住宅进行搜查后，推特上带有"内战"标签的推文数量猛增30倍。

这篇报道还指出了导致一个国家面临内战风险的两大元凶，即"族群派系主义"和"混合政体"。前者是指公民基于宗教信仰或种族身份而非政治信仰组建政党，后者强调的是一个国家既非完全民主也非完全独裁，而是介于两者之间。执政方看似接纳少数群体的反对意见，实际上拥有绝对的控制权。这类政府容易面临抵抗力量，爆发武装冲突。

在特定条件下，社会可能会迅速分化，国家内战也可能在一夜之间爆发。在英国，包括食品、贷款利率、租金、汽车燃油和家庭供暖在内的日常消费品价格近年不断上涨，而不久之前，我们大多数人还将它们视作理所当然的事物。极端贫困现象加剧时，普通人可能会被迫做出一些以往根本无法想象的极端行为，比如偷盗邻居家的木材、店内行窃、从别人的车里偷油，甚至使用暴力手段威胁勒索等，以获取维持家人温饱的一切资源。因此，我

社会崩溃

们也要做好采取一些平时不会考虑的措施的准备，以保护家人免受他人威胁、远离饥饿、极端天气和疾病等危险。

美国国家航空航天局近期资助的一项研究结合对历史和科学数据的分析，预测人类文明将缓慢消亡，而非因为核战争爆发等原因快速毁灭。该研究提出了可能导致文明倾覆的几种关键因素，如应对气候变化失败，从而影响水资源、农业和能源供应；再如生态环境的逐渐恶化，导致极端天气频发，旱涝灾害不止，气温攀升，海平面上升；或因森林砍伐和过量碳排放导致紫外线水平超出人类承受范围等。这些最终都会逐步演化成社会动荡。该研究得出结论，整个社会最终将耗尽拥有的资源，导致全线崩溃，而只有富人才能获得重要资源。

在《世界重启：大灾变后，如何快速再造人类文明》一书中，刘易斯·达特内尔教授列举了多个帝国的兴衰史，详述了这些国家因为贫富差距不断扩大、政治腐败和社会堕落最终走向自我解体的过程。许多文明中的帝国都被他援引作为例证，包括波斯帝国、奥斯曼帝国、古罗马帝国和大英帝国等。这些帝国的平均存续时间约为240年。

一旦社会分崩离析，发电站就会停止运转，电力供应将快速瘫痪，互联网也会因为服务器断电而陷入崩溃。我们十分依赖的日常科技，比如手机和GPS定位系统，也将失去作用。到了那个时候，邻居之间将变成反目的竞争对手，拼命争夺食物和水这些有限的关键生存资源。

如何为社会解体做好准备

当社会规则彻底土崩瓦解时，唯一的生存办法是提前做好准备，而且要从此刻开始，不要拖到下一个明天。要知道，发生饥荒并不只是因为食物短缺，也可能因为流通渠道不畅。一旦停电，你就需要依靠燃气或者光伏发电来维持室内供暖和照明。如果你所在地区的冬天极为寒冷，请务必确保住所保温性能良好。要学会在几分钟内快速生火，柴火炉既可以暖房也可以做饭。

如果不是因为在长途航海时携带了鳕鱼干，维京人也不会早哥伦布500年发现美洲大陆。因为缺盐，他们将新鲜的鳕鱼挂在咸湿的海风中晾干保存。直至今天，因为可以保存食物，盐依然享有十分重要的地位。随着社会的崩溃，快餐食品将停止生产，用冰箱来储存食物也会变得日益困难。到那个时候，盐就会成为一种极其宝贵的物品。

如何应对社会解体

如果出现暴乱和抢劫，你将如何保护家人的安全呢？关键是要做好最坏的打算，同时制订出应对计划。预测模型显示城市居

社会崩溃

民会面临更大的风险，因为城市资源有限而人口众多。历史经验告诉我们，当争夺同一样东西的人数过多时，绝望之下会滋生暴力行为。而在农村，你可以自给自足，水源也更加充足；人口密度较低，遭受攻击的可能性减少，生存下来的机会增加。还有一点，因为偏远的农村地区人烟稀少，所以当你开始储备物资时，不会有太多人注意到你的动作，这与囤积物资不便的城市地区形成鲜明对比。

认真思考一下：万一社会像电影《疯狂的麦克斯》里一样陷入混乱，而你有亲人住在偏远农村，他们是否愿意接纳你一同生活？

人口密集的城市可能会出现邻里相争，黑帮团伙流窜街头的情景，但这并不代表你会想要与世隔绝。长远来看，依靠团队的力量总好过单打独斗。如果是单打独斗，在自己之外就再没有可以依靠的人，这样不仅缺少支援，容易受到伤害，而且没有人分担你的忧虑，在生病时照顾你，与你交流。因此，着手联络可以合作之人，建立信任关系，要比独自一人面对无序的社会状态更有胜算。团队的组建要基于共同的价值观、平等的关系和公正的分配，推选出一个能有效领导的可信之人同样必不可少。

一个优秀的团队会集聚拥有不同才能和个性的成员。其中一部分人提供力量、智慧和幽默，还有一部分人提供深知灼见和实

社会解体

操性强的策略，可以迅速找到自己能发挥最大贡献的角色。虽然大部分情节是虚构的，但像《行尸走肉》这样的电视剧十分形象地向我们展示了团队的好坏之别。比如，一些团体是如何在恶人的领导下轻易丧失人性，杀人放火，无恶不作，残杀同类的；另一些团体又是如何坚守人性，保持住自己的价值观的。

专门研究全球危机、社会崩溃和大规模暴力的学者兼作家纳菲兹·艾哈迈德认为，当政府为控制局面而实行戒严（军队掌控一切）时，虽然西方军队有军纪、责任制度和作战原则，但历史经验说明，公民仍需警惕滥用权力的风险。戒严期间，个人自由会受到多方面的限制，包括获取食物、求医问药和家庭用电等。此时最佳的生存策略是遵守规定，低调行事。同时要有出现路障和检查站，以及出台宵禁措施的心理准备。

如果暴乱离你的居住地还十分遥远，你和家人可以选择留在家中，通过手摇发电收音机了解时事新闻，期盼暴力事件不会蔓延开来。同时，你还需要准备好武器自卫，确保食物、饮水和住所的安全。但如果城市的资源供应已经枯竭，掠夺者也开始向你所在的地区扩散，你和家人需要迅速从家中撤离，并尽快与他人结盟。

一旦找到了可以庇护自己和家人的团队，马斯洛需求层次理论（参见第35—38页）中的第三级需求（爱与归属感的需求）就

社会崩溃

得到了满足。而第一级和第二级需求同样重要：找一个安全可靠的避难所，在里面储存必需物资，再睡个好觉，让身体保持最佳状态。接下来，还需推选出团队领袖。只有建立起一定的团队结构和秩序，你才能在一片混乱中重新找到方向。团队中具有领袖气质的人会逐渐显现出来，之后便是选出合适的人选。民主投票或许可以帮助你们做出选择。

规划前往紧急避难所的路径

很显然，你首先需要避开大部分高速公路和快速路，因为紧急情况下，大家都会想开车往外跑。你需要不断追问自己，一般人通常会作何打算，然后按照相反的思路实施自己的计划。几乎每个人都会选择马上上车，直奔高速，结果不到半个小时就堵在车流中，无数辆热气腾腾的车挤在一起，路怒症的司机吵个不停。近处一张张神色惊慌的脸，远处婴儿不止的啼哭，数不清的人走出车门露出不知所措的样子。如果放在社会秩序崩溃的背景下，堵在车流里的人都会是掠夺者的活靶子。因此，无论如何都要避开主要道路。现在拿出地图，规划出一条以乡间小道为主的路线。不仅如此，你还应该准备多条路线，以防出现某条道路不通需要掉头寻找其他路线的情况。随时做好需要弃车步行的准备。这也准备是投奔远方的亲戚时需要考虑的另一点：如果社会崩溃，你

化学和生物攻击

有把握逃到那么远的地方去吗？

挑选家用车时，我会特别考虑外观和豪华之外的因素。我有一辆车擅长在坑坑洼洼的泥地上行驶，还有一辆很特殊，几乎可以跨越所有障碍，提供长期的生存支持。这些因素非常值得你在选择下一辆家用车时认真考虑。

计划好前往紧急避难所的路线后，接下来你需要亲自试驾每一条路线，并在途中选择一些显眼的地标作为紧急集合点。可以是一座粮仓、山上的小城堡、一棵被雷击的树以及其他容易辨认的地标。这样一来，哪怕家人走散了，大家也都知道应该前往哪里集合。回想起90年代的经历，那时我们还没有手机，于是通常需要制订紧急预案以防意外。为防走散，我们可能会制订这样的计划："如果走散，就定在8点到某个地点集合，至少等上1个小时。之后每天重复，直到重新团聚。"路线计划的制订同样离不开家人的参与，因为要准备得当的话需要花费一定的时间和精力。如有必要，他们可以在进行路线测试时与你同行，帮忙一起选定会合地标。

化学和生物攻击

在所有大规模杀伤性武器中，化学武器也许是最残忍的一种。

社会崩溃

犯罪分子和恐怖组织对化学物质加以利用，对人类构成了大规模的严重威胁。1995年3月，东京地下铁的5列列车同时遭受化学攻击，起因是邪教组织成员在车厢投放军用毒剂沙林毒气，造成13人死亡，5000余人受伤。包括基地组织、伊斯兰国在内的恐怖组织均被指控使用化学武器。

利用植物提取物中的有毒化学物质毒害他人的历史可以追溯至中世纪。然而，直到19世纪工业革命时期，化学物质的军事与大规模应用才成为可能。第一次世界大战中，德军于1915年在比利时伊普尔地区对英法联军使用毒气攻击，开创了化学战的先河。

恐怖分子之所以使用生化武器，是因为它们成本低廉、易于运输，并且可以针对大量人群。2001年，有人故意将炭疽孢子粉末装进信件中，并通过美国邮政系统发送。22人因此感染炭疽，其中包括12名邮件处理人员，最后5人病发身亡。生化武器能引发公众的恐慌情绪，这正是恐怖分子的目的所在。用作武器的化学物质或微生物难以察觉，可以致病甚至使人死亡。

不同类型的化学攻击包括：

- 磷化氢。
- 氰化物。
- 芥子气。
- 神经性毒剂（如沙林）。

化学和生物攻击

- 镇暴剂（如苯氯乙酮）。
- 失能性毒剂。

生物武器包括：

- 细菌——进行自我复制的生物体。
- 病毒——需要宿主才能复制。
- 毒素——从动物体中提取的毒性物质。

生物武器的传播方式包括通过感染牲畜传播病毒，以及通过食物和水传播。

身体暴露于化学和生物攻击环境的症状包括：

- 皮肤、眼睛或呼吸道的不明原因刺激。
- 恶心和呕吐。
- 抽搐。
- 出汗。
- 眩晕。
- 呼吸困难。
- 异常的嗅觉或味觉。
- 水疱。
- 窒息。
- 咯血。

社会崩溃

如果你认为自己可能遭受了化学或生物攻击，请采取以下步骤：

- 脱掉全部衣物并用肥皂和水彻底清洁身体以去除污染物，但要避免用力擦洗或压迫皮肤，防止病原体渗透。
- 收集所有接触过的物品，包括手机、钥匙、衣物等，全程不要用手直接触碰；将物品打包入袋，带到人烟稀少的地区焚烧。
- 帮助他人时要格外小心，避免自身受到污染。
- 用含漂白剂的水清洗眼镜，之后再用清水冲洗。
- 用清水冲洗眼睛。

面对化学或生物攻击时，你应该准备以下应急物资：

- 急救包。
- 用于封窗封门的塑料膜。
- 强力胶布和剪刀。
- 充足的食物和饮水。
- 卫生清洁用品，包含肥皂和漂白剂。
- 收音机，用于接收政府的最新消息。
- 手电筒。

控制室内环境：

- 待在家中时，可以关闭空调和通风口等。
- 选择窗户最少的房间避难，用强力胶布和塑料膜封好门缝和窗户。
- 房间内每人需要3平方米的空间，以保证5小时的氧气供应。
- 定期使用酒精消毒剂清洁双手。
- 避免接触已经感染的人员。
- 保持社交距离。
- 居家办公，让家中小孩暂时停课。
- 戴上口罩，因为部分病毒可以通过空气传播。
- 家中储备少量现金以防银行停业关闭。
- 储备充足的食物和饮水。

后核战争时代

  1962年的古巴导弹危机险些让整个世界陷入核战争的黑暗，这一切还要始于一架美国U-2高空侦察机拍摄到的苏联在古巴安装导弹设施的照片。随后，时任美国总统约翰·F.肯尼迪与苏联最高领导人尼基塔·赫鲁晓夫展开了对峙。美国对古巴实施海上封锁，阻止运载核导弹的苏联船只前往古巴。当这些苏联船只改变

社会崩溃

航线，试图绕过封锁区域时，局势升级至顶点，最终赫鲁晓夫做出让步，同意撤回苏联在古巴的导弹，肯尼迪则承诺美国不再侵犯古巴。这是迄今为止世界距离核战争最近的一次。与那时相比，当今的世界局势出现了更多不稳定因素。北约组织更是前所未有地在威慑与外交之间小心平衡着与俄罗斯的关系。

目前，全球共有9个国家拥有核武器。即便是与1962年的古巴导弹危机相比，军事专家也认为当今时代发生核战争的可能性更高。我们这些在60年代和70年代长大的人曾长期生活在超级大国竞赛与核战争爆发的阴影下，现在这种阴影又一次笼罩在了我们身上。不单单是商业巨鳄埃隆·马斯克相信"核战争的可能性正在上升"，科学家用来衡量世界核威胁程度的末日时钟*也已经逼近"最后时刻"，离世界末日的午夜只剩下100秒。

全球核战争中最适宜避难的国家和地区

冰岛、澳大利亚、新西兰、挪威、瑞典、斐济和格陵兰岛榜上有名，这些国家和地区地理位置偏远，坚持中立国政策，同时地广人稀，成就了得天独厚的避难优势；由于没有军事活动存在，自然也不会被卷入冲突之中。据说智利的复活节岛因地处太平洋东部，

---

* 末日时钟：由芝加哥大学的《原子科学家公报》杂志于1947年设立的一个象征性时钟，时钟上的午夜零时代表核战爆发的时刻。2023年和2024年，末日时钟的指针连续两年被拨到了距午夜90秒处。——译者注

后核战争时代

不与任何国家接壤，所以即使发生核爆炸，核辐射也不会波及至此。不过，你有什么办法立马飞到那里去吗？南极洲也可以作为一个备选，只是基础设施严重不足，不适合人们开始新的生活。

对于在英国居住的人来说，核攻击的首要目标很可能是首都伦敦及其周边郊区，居民共计约有1200万人。次要目标则可能是位于格洛斯特市和彻特纳姆市附近的英国政府通讯总部，那是英国情报、国家安全和网络防护的中心。核爆炸的热辐射范围可达12 960平方千米，英国只有少部分地区可能处在该范围外，如苏格兰的设得兰群岛。但如果伦敦或格洛斯特遭遇核打击，大多数人也无法及时逃往这些偏远岛屿。

领英创始人里德·霍夫曼曾在接受《纽约客》杂志采访时表示，硅谷的亿万富翁中几乎有一半都购置了"末日保险"，准确来说，是他们在新西兰建造的豪华末日地堡。这个偏远的岛国已经成为这些腰缠万贯的"加州末日准备狂"的朝圣地。问题的关键在于，末日之后你是否还有长久的生存意志，毕竟到那时一切都不会美好。

核弹发射后会发生什么

据地图网站"Nuke Map"的模拟数据，如果美国将目前拥有的最大当量核弹投放至伦敦市中心，预计将造成约70万人死亡，

社会崩溃

超过100万人受伤。核弹爆炸的影响范围将涵盖伦敦南郊的克罗伊登、伦敦西南方向的萨里郡，而东伦敦、北伦敦及伦敦东北方向的埃塞克斯郡的大部分地区都将遭受严重破坏。我的老朋友安特·米德尔顿就住在那里，永别了！

核弹一般会在发射后约10分钟内达到最高速度，照此计算，由俄罗斯向伦敦发射的核导弹大约需要20分钟抵达英国，这意味着我们只有非常有限的时间来寻找足够安全的避难所，避免遭受核弹爆炸和辐射落尘的影响。不过，目前英国还没有建立起有效的核预警系统。虽然官方原计划于2022年10月前完成部署，但据了解，该系统目前仍处于测试阶段。英国政府网站上的信息显示，紧急情况下政府将采用类似广播的方式进行警报："周边地区的手机信号塔将发送警报信息，所有在信号塔覆盖范围内的手机、平板电脑等兼容设备都将通过短信接收到警报。"

在新的警报系统投入使用前，我们并非全然束手无策。位于北约克郡的英国皇家空军菲林代尔斯军事基地就可以为英国和美国提供预警。据《每日快报》报道："这个基地的存在确保了突袭式导弹攻击注定不会成功。"基地独特的圆顶球体外观设计酷似电视剧《X档案》中的场景，而这个雷达系统宣称可以最远追踪到4800千米外的飞行物体信号。

我在成长过程中熟悉的是"4分钟警报"系统，由位于柴郡的卓瑞尔河岸天文台进行预警操作，它能侦测到向英国发射的导弹。从1953年到1992年，该警报系统运行了39年，于1991年冷战结束后被淘汰。

当核弹击中你所在的城市

如果核弹击中你所在的城市，首先你会看到一道极其强烈的白光一闪而过，随后是从天而降、直径达2千米的火球。在这个致命的范围内，所有的一切，包括建筑、汽车、基础设施、人都将灰飞烟灭。之后，一股高于太阳表面温度的热波将向外辐射，把爆炸中心周围13千米范围内的一切烧成灰烬。如果你能看见初次爆炸的强光，即便身处20千米之外，也不要直视它，以免暂时性致盲。

爆炸中心20千米范围内

爆炸中心20千米范围内，核弹爆炸产生的电磁脉冲辐射将使未经屏蔽处理的电子设备瞬间失效。所有依赖复杂电子软件的汽车也将无法启动（老式汽车除外）。个人电脑、手机、平板乃至心脏起搏器，在距爆炸中心65千米的范围内将停止工作。本地电网已经严重受损，无法修复。在经历了白光、火球和电磁脉冲的破坏后，你会有10分钟左右的时间逃离蘑菇云区域，以避免受到从天而降且高度污染的核辐射落尘的影响。能否生存下来，将取决

社会崩溃

于时间、距离和避难所这三大要素。

此时,电离辐射正在通过放射性尘埃攻击整座城市。要想逃离这些随风飘扬的尘埃不过是白费力气,哪怕车速再快也快不过瞬间覆盖一切的放射性尘埃。任何位于蘑菇云黑色茎部下的人都将被其摧毁,而真正的问题在于,蘑菇云顶部的物质将会被风吹起,高速扩散。

如何应对核打击

找到工作地点、居住地,以及孩子学校附近适合的地下避难场所。一定记住,避难所所处位置越深,抵御辐射落尘的防护效果就越好。

准备应急物资"返家"包

· FFP2防护口罩。

· 加厚塑料袋。

· 电工胶带。

· 橡胶手套。

· 碘化钾片(可防辐射)。

· 收音机。

· 地图和指南针。

后核战争时代

- 瓶装水。
- 可长期保存的食物。
- 电池（包括备用电池），这项准备工作非常重要，因为在网络中断后，收音机将成为你获取最新信息的主要途径。
- 常备药物。
- 包装食品。

如果你在车内

待在车里不要出来。如果你手上有强力胶带，务必用它密封车内所有通风口，仔细检查车门边缘有无破损，确保没有尘埃能通过发动机舱进入车内。你能活到现在是因为汽车外壳吸收了核爆炸产生的初始热量，而它接下来还能继续保护你不受放射性尘埃伤害。若有可能，尽量驱车前往山区和高地，这是因为污染物倾向于在山谷和地势低处沉积。务必始终处于辐射落尘的上风方向。

如果你能进入建筑物内

这会比留在车内强，因为车辆只能在短期内抵御放射性沉降物。试着进入最近的适宜建筑内避难，同时尽量远离窗户。地下室是最理想的避难地点。如果建筑物内还有其他人，尽量保持两

社会崩溃

米以上的社交距离。如果包里还有疫情期间没用完的口罩，现在是戴上它的时候了。封上房间内所有的进风口，不要落下任何窗户、门缝和门框，这样才能防止有害尘埃进入。进入室内后，立即脱下可能携带辐射的衣物，彻底冲洗全身。如果没有水源，可以使用湿巾清洁。如果开始恶心呕吐，这很可能是辐射症状的早期信号。

寻找地铁站藏身

比车辆和建筑更安全的是距离最近的地铁站，进入后要尽可能往地下深处走。至少待上24小时。在爆炸发生48小时后，辐射落尘的能量将大幅减少，但通过呼吸摄入放射性灰尘，造成人体内部器官污染的风险依然存在。可以用湿布捂住鼻子防止吸入。提前准备的应急物资包为你提供了在此生存3天的可能。

尽量朝着背风方向离开城市，尽快返回避难所或家中。希望你已经准备好了充足的水源，因为在未来几天里，水将比金钱更为宝贵。门外，外部世界依旧，万事万物都被覆盖在致命的灰色放射性物质之下。可以找一个收音机，方便获取紧急广播信息。但不要在室外停留太久，只是待在外面就已经对身体健康不利了。尝试寻找同伴，组成一个小团体。现在是尽快远离爆炸影响区域的时候了。

尾声

不久前,我在网上听到了著名影星西尔维斯特·史泰龙的一番话,一时间深受打动。在那段视频中,已经步入晚年的他感慨道,漫漫人生路自己已走过大半,往后的日子一天比一天少。年逾古稀的"传奇人物"史泰龙是一名真正的生存者,成功在好莱坞龙争虎斗的造星环境中杀出重围,博得了一片属于自己的天地。时年76岁的他,依然坚持健身锻炼,还不时在社交网络上分享生活经验。对比息影退休后只能坐等死亡的生活态度,他的存在就是最有力的反驳。和我一样,史泰龙也坚信一个人是否年轻,是由人的思维方式决定的,而非单纯基于年龄。

说起来我很幸运,到现在也未曾停下冒险的脚步,过着丰富多彩的生活。但这不是靠等来的,而是主动努力争取来的(当然,不是所有的冒险经历都那么美好)。你可能想问我是否有过丧失求生意志的时刻,但其实大多数时候,我都非常感激所有的挑战和经历。我迎了上去,挺了下来,最后收获了无数成长和进步。

如果你从未听过长臂猿一声声震慑心灵的"呜呼——呜

尾声

呼——",在日出时分慢慢唤醒整片森林;也从未在阿拉伯沙漠的漫天星辰下露营过夜,那么这一切美妙的体验都还在等着你去探索发现。我们都只是这颗美丽星球上的匆匆过客,我真诚希望作为读者的你,可以去探索这个世界的无穷美好,同时在这本书的帮助下,确保自身安全。

尽情享受吧!

奥利·奥勒顿